无乡趣 不乡村

宁波

WUXIANGQU BUXIANGCUN

宁波乡村旅游攻略

NINGBO XIANGCUN LÜYOU GONGLÜE

宁波市旅游局
《阿拉旅游》杂志社 编著

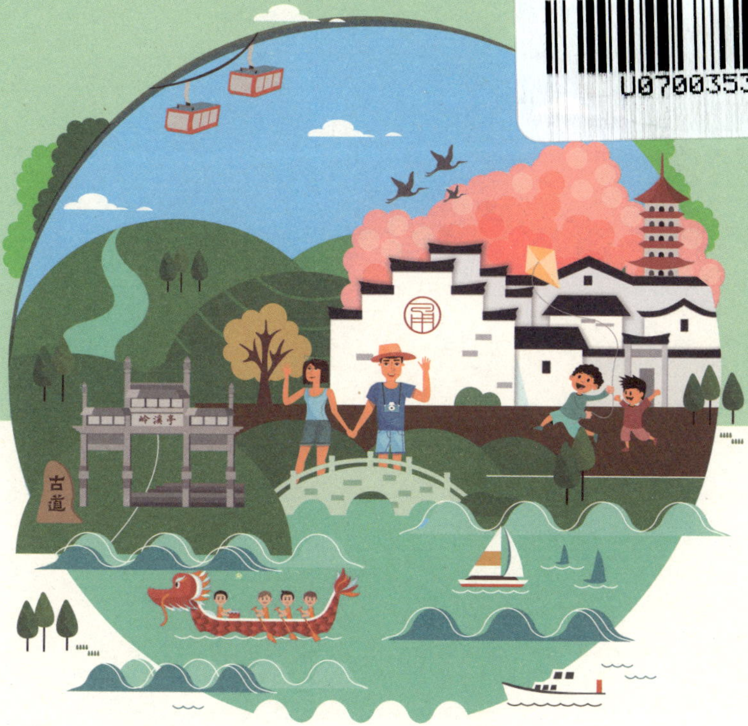

宁波出版社
NINGBO PUBLISHING HOUSE

目录

乡风乡貌 · 美丽镇村
XIANGFENGXIANGMAO · MEILIZHENCUN

002~054

乡亲乡思 · 民宿客栈
XIANGQINXIANGSI · MINSUKEZHAN

056~106

乡野乡趣 · 文化古道
XIANGYEXIANGQU · WENHUAGUDAO

108~144

乡俗乡愁 · 农事节庆
XIANGSUXIANGCHOU · NONGSHIJIEQING

146~172

乡恋乡味 · 地道风物
XIANGLIANXIANGWEI · DIDAOFENGWU

174~202

乡土乡情 · 快乐农家
XIANGTUXIANGQING · KUAILENONGJIA

204~242

乡风乡貌·美丽镇村

无乡趣，不乡村：宁波乡村旅游攻略

四明山镇

　　四明山镇位于余姚市最南端，与鄞、奉、嵊、虞四县市（区）相邻，因地处四明山脉之巅而得名，是一个物产富饶、风景秀丽的高山集镇。享有"夏天是凉风习习的莫干山，冬天是白雪皑皑的长白山"之美誉。特有的高山气候，使这里夏可避暑，冬可狩猎。美丽的风光，淳朴的民情，曾经留下了李白、孟郊、皮日休、陆龟蒙等诗人的纵情吟唱，为灿烂的唐朝诗坛留下了许多不朽的诗作，还成为明末清初大思想家黄宗羲先生著书立说的理想之所。

　　境内有仰天湖、四窗岩、白龙潭、鹁鸪岩等众多充满神奇色彩的美景胜地，与相距十余千米的溪口雪窦山风景区遥相呼应。如果利用本镇独特的高山气候和优美的自然景观，在开发生态旅游上有着广阔的前景。

TIPS

- **地址**：余姚市

- **交通**：到四明山镇有多条线路
  东线：宁波横街镇—童家村—大胶村—大岚镇—四明山镇
  南线：宁波—溪口镇—四明山镇
  西线：速章镇—岭南乡白龙潭村—悬岩村—大山村—仰天湖—四明山镇
  北线：余姚—梁弄镇—大岚镇—四明山镇

- **文化看点**：四明山镇处在著名的人文旅游线——"唐诗之路"的中心，李白、孟郊、皮日休、陆龟蒙等40多位诗人曾在四明山上纵情吟唱。四明山镇境内古村、古桥、古树众多，仰天湖还留下了关于明朝国师刘伯温的神奇传说，"四窗岩"更是蒋介石应梦发迹之处。

- **热门推荐**：境内有仰天湖、地质公园、森林公园、白龙潭、鹁鸪岩等众多充满神奇色彩的美景胜地，与相距十余千米的溪口雪窦山风景区遥相呼应。

乡风乡貌·美丽镇村

柿林村

柿林村位于著名的丹山赤水风景名胜区内，原名"峙岭"，因山上柿树成林，因此改名为"柿林"。村子周围都是山，抬眼便豁然开朗，满坡翠竹林木，流泉叮咚，鸟语花香。不但山水秀丽，而且有原貌保存完好的山居，原始古朴，小巷深深，鸡犬相闻，偶尔有擦肩而过的村民或哼着小调或用熟悉又不熟悉的方言对话，甚是亲切。

村里村外，房前屋后，满布柿子树，果真村如其名。有的柿树参天合抱，树龄达三百年以上，最大的一棵单株产量一千多斤。爱热闹的朋友，可得赶着晚秋到来，届时整村内外，山坡上下，红柿吊挂枝头，如悬挂着无数的小红灯笼，加上林莽间红枫如火，绿树映衬，一派秋韵美景。

TIPS

- 地址：余姚市大岚镇
- 交通：杭甬高速—梁辉出口—梁弄—大岚—柿林村
- 热门推荐：柿林村位于四明山腹地，近年来涌现了许多优质客栈民宿，如"老柿林"等，还开设有咖啡馆、酒吧，深受宁波以及周边游客欢迎。
- 小贴士："丹山赤水景区"跟柿林村连为一体，进村就是进入景区，需要50元门票。

无乡趣，不乡村：宁波乡村旅游攻略

中村村 余姚

　　古时，石潭龚氏因慕风水迁来定居时，发现中村正好是四县三镇的中心——距鄞县、奉化、余姚、上虞各45千米，距鄞江、梁弄、陆埠三镇各20千米，故以此得名。中村之美，刚刚好就是那点背山绕水的清秀。迎面是层层叠叠的苍翠青山，仿佛触手可及，村中央蜿蜒穿过一条清澈见底的晓鹿溪，将整个村落一分为二，形成隔岸相望之势。和正儿八经的中村比起来，晓鹿溪得名更富诗意："孔祐隐居是山，有鹿中矢来投，祐养其创，愈而去。"溪上乃至整个中村最美的风景，非白云桥莫属。远远望去，高耸的石桥如长虹般横跨在晓鹿溪两岸，两边山峦挺立，充满了豪壮的气势。

TIPS

- 地址：余姚市鹿亭乡

- 交通：甬台温高速—姜山北枢纽—荷梁线—中村村

- 文化看点：现存民居建筑多为块石垒砌的传统乡土建筑，村内有省级文保单位白云桥和余姚市级文保单位仙圣庙戏台，是浙东地区清中晚期古村落文化的典型代表。

- 热门推荐：在节庆日，可以观赏到舞龙、纱船、抬阁等民俗风情表演以及购买竹木制品等风物特产。村庄外的大山都是原始森林，里面有野猪、野鹿等野生动物。

乡风乡貌·美丽镇村

大山村 余姚

　　沿着崎岖的山路盘旋而上，景色越发迷人，且行且看，抵达云雾缭绕、海拔700多米高山顶上的四明山镇大山村的过程已很醉人。这个白云生处的村落，住着寥寥数十户人家，却坐拥着仰天湖的大好风光，简直羡煞旁人。

　　春天看山花烂漫，夏日避暑玩水，秋天赏红枫绚烂，冬季可以领略南方少有的冰雪盛景，加之近在咫尺的四明山省级地质公园的开放，如此优质的自然资源和秀美风景当期望被更多人看到，于是大山村办起了高山上的"农家乐"，寓度假休闲于一体。游人纷至沓来，"拔湖笋、杀土鸡、品溪鱼、听鸡鸣、住农家"，体验原生态的农家生活，品尝土色土香的特色地方风味。

TIPS

● 地址：余姚市四明山镇

● 交通：杭甬高速—余姚—浒溪线/S33—梁弄镇—S33—四明山镇—仰天湖

● 热门推荐：大山村20家农家乐中有18家农家乐（客栈），也可去"省级地质公园"罗城山游览一番。这里物产富饶，高山云雾白茶、猕猴桃、樱桃、羊尾笋等农林特产，让人回味无穷！

无乡趣，不乡村：宁波乡村旅游攻略

大俞村 余姚

大俞村是四明山腹地最早的古村落之一，至今已有八百多年历史。村子建在两山之间，山间一条宽30多米、全长5000米的大溪横贯古村全境，把村庄分隔成两半，直至流入奉化江、甬江。两岸翠竹掩径，钟灵毓秀。

走进大俞村，最吸引眼球的是整洁有序的石屋，这些石屋中年代最久远的已有600多年，是祖先居住过的地方。石屋冬暖夏凉，比钢筋水泥结构的房子住着更舒适。高山地貌为大俞村及周边地区的人们种植茶叶提供了优越的自然条件。当地的高山云雾茶色泽绿翠、外形细紧、汤色清澈明亮。值春茶采收季节，不少村民每天都会上山采高山云雾茶。走进茶园还能听到茶农随身携带的收音机里传出阵阵悠扬的越剧曲调。

TIPS

- 地址：余姚市大岚镇

- 交通：机场路南延—甬临线—S36—S33—浒溪线—大俞村

- 热门推荐：俞村最为著名的景点，非四窗岩莫属。这里曾是传说中的刘阮遇仙处，给古村周边的山水带来了些许神秘色彩，而良好的生态环境，更使以四窗岩为核心的四明山有"天然氧吧"之称，成为国内外游客向往的旅游胜地。

鸣鹤古镇 慈溪

　　鸣鹤,历经千年,依山傍水,为慈溪最古老的集镇。在这里,精巧建筑铸就了千年烟雨楼阁,许多历史名人成就了永世芳名功德。如今,名儒商贾都已不复存在,但山湖翠色依旧,古寺禅音依旧,石巷古桥依旧,历经风雨1200多年。

　　穿行于长满青苔的石板路上,鸣鹤古镇弄堂的名称被依次地命名为一房弄,二房弄……直到五房弄,据说是因为从前鸣鹤古镇出了一个大官,而大官有五个儿子,家室庞大,所以大官就以房为单位,把每个儿子所在的区域从大到小命名下来,以达到区分的效果。每一房的建筑都很气派,而且房子造工讲究,大到屋顶房梁,小到铜锁门环,都经过了精心的装饰和雕琢。

TIPS

- 地点:慈溪市观海卫镇

- 交通:市区—G329—芦庵公路—五里—罗鸣公路—鸣鹤古镇

- 文化看点:鸣鹤古镇在明清以来就是中国国药业的发源地,有"国药人才集浙江,浙江有慈溪,慈溪首推鸣鹤场"之说。

- 热门推荐:清代豪宅银号,紧邻五磊山风景区,整个建筑面积约1855平方米,现已被改造成银号客栈,可以入内感受清代大户人家的江南时光。不远处是杜湖,越窑青瓷就是从这里起源。

- 小贴士:鸣鹤古镇内的国医馆常年有来自上海的专家坐诊,但需注意出诊时间。

方家河头村

　　方家是河头大族，自方氏始祖章云从河南迁徙于此后，子孙繁衍，声名鹊起。河头宗族史的笔触尤为绵长，在风起云涌的历史卷轴上整整书写了七百余年。到现在，所有的辉煌与衰败都已经尘归尘，土归土。日常气象里的方家河头村倚靠着群山，旧日风景依稀。路边多是苍古的老宅和参天大树，还有意外踊跃的活水。村口有藕池，村外有生儿泉，溪水贯穿全村，这里可谓处处见水，被水滋养。

　　方家河头村的古建筑规模颇大，几乎到了三步一洋房、五步一老宅的地步，光是大屋便有岭脚下大屋、鹤琴大屋、兰屿大屋等数座，似乎到哪都能闯进一段凝固在砖瓦上的悠长时光。

TIPS

- **地址**：慈溪市龙山镇

- **交通**：杭甬高速—沈海高速—杭州湾大桥南接线—慈掌线—灵范公路—方家河头村

- **文化看点**：方家河头村的古建筑规模颇大，有岭脚下大屋、鹤琴大屋、兰屿大屋等数座。

- **热门推荐**：方家河头村有很多健身步道，空气中氧气含量高，适宜爬山。距离达蓬山旅游度假区很近，如住宿达蓬山酒店，有免费班车接送。

- **小贴士**：方家河头村至今仍居住着慈溪本地人，游玩时请注意不要扰民。

乡风乡貌·美丽镇村

任佳溪村

慈溪任佳溪村得天独厚，不仅坐拥风景秀丽的灵绪湖，还有灵龙宫、沙湖庙、洞山寺、宋塔等历史文化遗迹，古诗中"白云封古洞，明月照空山"说的正是这里。有800多年历史的任佳溪村依山傍湖，一溪相连，来到这里，城市的喧嚣顿时消失无踪，整个人也因此安静下来。

湖畔乌瓦红墙、龙尾龙首高高翘起的宏伟的庙宇就是灵龙宫。西面和南面环水，北边和西边有墙，与民居相隔，灵龙宫的庄严雄伟一定要进入其中才能体会得到。稀有柏木做柱，双重檐歇山顶，龙头吻脊，神殿上三龙王坐镇，威风凛凛。与灵龙宫一弄之隔的就是沙湖庙，其建筑群低矮而古雅，风韵尤佳。

TIPS

● 地址：慈溪市掌起镇

● 交通：杭甬高速—沈海高速—杭州湾大桥南接线—任佳溪村

● 文化看点：村里的名人很多，散见于各种县志：明洪武初年，以博学荐入京师的任存敬；洪武十八年（1385年）的进士任琛；鲲池书院山长、举人任于宗；明代的勉一先师，还有诗人任绍曾、诸生任溶等。

● 热门推荐：任佳溪的古刹，有沙湖庙、灵龙宫、呼童庵、洞山寺、高山寺、广福庵、红梅寺、齐白庵、白石庙等寺、庙、庵共九座，多保存完好，或遗迹尚存，且和尚与尼姑皆有，另外还有一座历史颇为悠久的任氏宗祠。

无乡趣，不乡村：宁波乡村旅游攻略

古窑浦村

　　古窑浦源自掌起镇的洪魏山下，向东北入海。相传，古时候，在今戴家村东与下叶村西各有一座瓷窑，古窑浦恰从两窑中间穿过。说来也奇怪，这两座窑的烟，不管是刮东南风还是西北风，总是缠绕在一起，人们认为这两座窑是一对恩爱夫妻。后人为记住这象征着恩爱夫妻的故事，遂把两窑中间的河道叫作古窑浦。

　　三月，桃花绚烂盛开，古窑浦村的桃园便迎来了最好的时候。登高远眺漫山遍野的桃花，宛如片片红云连着天际。桃花赏玩过后便是热热闹闹的采摘季，古窑浦水蜜桃早已名声在外，特别是具有150年种植历史的传统品种——玉露，尤为甜美可口。

TIPS

● 地点：慈溪市掌起镇

● 交通：杭甬高速—沈海高速—杭州湾大桥南接线—中横线—古窑浦村

● 文化看点：古窑浦村是抗战时期新四军浙东纵队海防大队驻地，是新四军浙东敌后抗日根据地的"海上门户"。2007年，古窑浦革命历史陈列馆和纪念碑开馆揭碑，成为宁波市爱国主义教育基地。

● 热门推荐：每年三月，古窑浦桃花齐崭崭盛开，可以前来闻花香、听花雨、拍花照。

洪魏村 慈溪

洪魏古村属于掌起镇,杜湖往东不远,沿山公路横筋线穿村而过,南靠翠屏山脉五磊山。洪魏村村落历史极为悠久,村内有大量的历史文化古迹,商周聚落遗址、战国石室墓及历经封建各朝至近代的古寺庙、古港埠、古窑址、古战场、古桥、古亭、古牌坊、古建筑等散布村落各处,是浙东地区保存较为完整的古村之一,极具保护和开发价值。

在这里,森林、溪涧、河流、古道、古树、古井等与村落平衡相处,古村、新村及生态别墅群各居其处,产业、商贸及农耕区落落分明。小桥流水、粉墙黛瓦、卵石古道、青藤老井等无不体现出这座人与自然和谐共处的生态古村的神韵。此外,集太极图、八卦水、龙文化、太师椅风水及荷叶地风水等众多风水文化之特征的洪魏村遗迹显著,是中国风水古村的典型代表村落。

TIPS

- 地址:慈溪市掌起镇

- 交通:G329—匡堰大道—横筋线—洪魏村

- 文化看点:洪魏村是抗日战争时期浙东敌后根据地党政军主要驻地,也是明清以来宁波帮的主要发源地,国药业与成衣业均发脉于此。明清和民国时期诞生了不少各个领域的知名精英。

- 热门推荐:村内现存有大量历史文化古迹,商周聚落遗址、战国石室墓及历经封建各朝至近代的古寺庙、古港埠、古窑址、古战场、古桥、古亭、古牌坊、古建筑等散布于村落各处。

无乡趣，不乡村：宁波乡村旅游攻略

前童古镇 宁海

是谁说的那句"前童处处可入画"？的确，岁月的风尘洒落在那些爬着青藤、布满沧桑的院墙、门窗、石路、小桥和门前的潺潺流水中。全村保留完整的宅院、祠堂、牌坊、门楼、亭台等多式多样，村民们沿袭着的传统习俗，家中古老的家什，古人的字画、碑帖、匾额等，无一不彰显出前童浓厚的文化底蕴，自然如初。

而慧眼识珠的宁波籍油画大师、导演陈逸飞，就是在前童古镇，竭尽全力完成了洒满故乡情结、讲述从少年到中年的自传体电影《理发师》的。要说最能代表前童风味的美食，非"前童三宝"莫属。这鼎鼎有名的三宝便是老豆腐、空心豆腐和香干。老豆腐，白、嫩、滑、鲜、香；空心豆腐，色泽金黄、中空外结，脆而不碎；香干则是口感细腻香滑、清口香润、结实耐嚼，较之于普通豆腐、香干有一种更为浓厚的感觉。

TIPS

- 地址：宁波市宁海县

- 交通：甬台温高速至宁海南出口—S34—前童古镇景区

- 文化看点：集采光、防火、防盗、装饰功能于一身的前童石花窗，目前完好的有200多扇，全部是明清时代建屋时的原物，200多扇竟无一扇雷同，每一扇石花窗都透露着主人美好的愿望。

- 热门推荐：每年的正月十四至十六，前童古镇灯会是非常值得观看的。另外去前童一定要品尝有名的"前童三宝"。

- 小贴士：景区需要40元门票。

胡陈乡 宁海

体验乡野的脚步,走的快了便体会不到世外桃源的恬静闲适。到胡陈乡,一定要放慢脚步,在千亩桃花盛开的地方住下。农家的房子住着感觉毫不拘谨,田园风情的装饰小清新极了。饭点前要是饿了,循着香味,摸进主人家的厨房,用筷子戳上一个宁海特色的石蟹烤土豆,那滋味鲜到骨子里,主人家全然不会嗔怪,还会再串上一串给你。拿着土豆串儿,闲逛在村间小路,瞅瞅这家院子里嫩黄的金铃子,那家院子头挂着的丝瓜藤,似乎自己就住在这儿,毫无违和感。

而早在农居之前,胡陈东山桃园就已经被大家熟知,一年四季让人眼花缭乱的各色蔬果采摘,能让人真切感受到"住农家屋、吃农家饭、干农家活、享农家乐"的自然惬意。

TIPS

- 地址:宁海县胡陈乡
- 交通:市区—沈海高速—桐中线—胡陈乡
- 热门推荐:每年3月中下旬至4月初,东山桃园桃花盛开,漫山遍野一片绯红。并且,这片桃花海一直延伸到胡陈各个村庄,就连沿路山上田间也是处处桃花开。6月到8月,各个品种的桃子上市时,可来一趟寻桃之旅。

无乡趣，不乡村：宁波乡村旅游攻略

许家山村

许家山，位于宁海茶院乡西南山区，至今已有700多年的建村史，现存古建筑最早为清代。这里最为闻名的就是全村建筑多为石头垒砌，古老而方正的石头村，百岁千秋仍旧没有被风雨的侵袭磨损，就像人们心中沉淀已久的信念，也是许家山人生存福祉和血脉的延续。因为周围都是山地，这里草木茂盛，古枫参天，翠竹亭亭，石景幽幽，显得悠然清静。一条伸向村落的石子小巷和小巷两边的成排石屋，让许家山俨然世外桃源，引得游客不远千里前来探访。村民们在老街上开起了农家乐，迎接远道而来、络绎不绝的来客们，同时为古村燃起了新气象。自酿的各式土酒、自制的各样米面尤其受追捧。

TIPS

● 地点：宁海县茶院乡

● 交通：甬台温高速宁海出口—象山方向—兴海路—沿海南线左转—茶院方向—分岔路口左转—许家山村

● 文化看点：许家山村是宁波市内现有建筑群规模最大、保存最完整的石屋古村，也是浙东沿海山地石屋建筑群落的典范，堪称石头王国。

● 热门推荐：该村不仅保存着完整的石屋、石院、石墙、石巷、石桥、石路、石凳等组合资源，同时还延续着传统的生活方式，如牛耕田、制番薯粉、做番薯烧酒、捣年糕、做竹编等，充满乡趣。

乡风乡貌·美丽镇村

龙宫村 宁海

这是一个远离城市的小山村，从宁海县城出发，走上50多千米崎岖的盘山路，才能到达。然而，和许多远离城市、隐逸深谷的古村不同的是，龙宫村拥有令人羡慕的丰富旅游资源，古村、古树、瀑布、峡谷、溪流、宗祠、戏台、老宅，它是嵌在瀑布溪流间的一颗世外明珠。

从北宋宣和年间建村，时光如同溪里的一捧流水，倏忽间就从指缝间流走了一千多年。沿着村里溪坑边走一圈，到处是高大古朴的樟树、枫杨、苦槠、银杏树，村旁溪水淙淙，清澈见底。古树下是古朴的老宅，以及这里百年发生的种种故事，它们被人一遍一遍回忆起，如同宝物时时被擦拭。

TIPS

- **地址**：宁海县深甽镇

- **交通**：甬台温高速—沈海高速—西山线—S38—龙宫村

- **文化看点**：龙宫古村保存着数座古民居、三座雕刻精美的古祠堂、多处古庵庙、几段古道、四座古桥、十余棵古木等古迹。村内有育英书院，为宁海北乡古代四大书院之一。

- **热门推荐**：村里到处是高大古朴的樟树、枫杨、银杏树，有一棵银杏已有500多年历史，是浙江省一级保护古树名木。村口的陈氏宗祠，始建于明崇祯十六年（1643年），基本上还保持着初建时的模样。

无乡趣，不乡村：宁波乡村旅游攻略

石浦渔港

象山

石浦古城沿山而筑，依山临海，人称"城在港上，山在城中"。它一头连着渔港、一头深藏在山间谷地，城墙随山势起伏而筑，城门就形而构，老屋梯级而建，街巷拾级而上，蜿蜒曲折。石浦渔港古城的中街是一条保留最为完整的古老、奇特、繁华的商贸街。古街在渔港边，码头边停泊着大大小小的渔船。码头边的沿街有一条海鲜街，一溜串清一色的海鲜饭店和排档。坐在码头边，看着海景，有渔船或忙碌地进出，或停泊中随波荡漾，各种海景、各种享受只有来过才能体会。

夏天的夜晚，石浦的人们结伴来到"渔人码头"品味正宗的大排档。这时候无须讲究形象，大家围坐在桌前，喝着啤酒，高兴时还可以扯着嗓子大声呼唤。石浦的海鲜不但品种繁多、新鲜，且价格也适中。

TIPS

- 地址：象山县石浦镇
- 交通：宁波绕城—甬台温高速—往宁海、象山出口下—石浦镇
- 热门推荐：石浦码头每天有许多船只发往周边列岛，如渔山岛、檀头岛等。石浦老街、象山影视城、松兰山景区，都是热门旅游点。
- 小贴士：石浦老街需要60元门票，海鲜大排档记得去"渔人码头"，景区附近的价位较贵。

乡风乡貌·美丽镇村

茅洋乡 象山

　　象山县茅洋乡地处象山县中南部，三面环山，一面通海，东临荷花蕊山，南依五狮山，北靠大雷山，西南濒临蟹蚶港。这里山海秀美，风景如画，享有"山水雅境，富美茅洋"之美誉。沿省道进入茅洋乡，顺着逶迤而平坦的环村公路，游客可以看到两旁绿树成林，溪水碧绿，潺潺有声。一座座农居小楼干净整洁，家家庭院花草掩映，果蔬丰实。行走其间，空气里透着宁静安详。

　　随着茅洋乡知名度的扩大，逐步形成南充秋枫、世外桃源、石鼓掩村等以沿线十景为品牌形象的乡村精品线，并形成了花墙村农家客栈、农家水果采摘基地、民俗文化村等乡村旅游品牌。茅洋乡正努力成为"走出深闺为人识"的旅游胜地。

> **TIPS**
>
> ● 地址：象山县茅洋乡
>
> ● 交通：象山港大桥—象山下高速—象山港路—新丰路—沿海南线—茅石线—茅洋乡
>
> ● 热门推荐：茅洋乡文山村是晒海苔的专业村，晒海苔也是当地靠海农家的副业。而花墙村有许多特色民宿和农家乐，若是来周边游玩，可选择入住花墙村。

无乡趣，不乡村：宁波乡村旅游攻略

东门渔村

　　东门岛兀屹海中，为象山石浦的屏障，号称"浙江渔业第一村"。每年开渔节上，石浦渔港同东门渔村遥相对望，锣鼓鸣唱，震动整个海域。从唐神龙二年（706年）象山立县，它便是辖村之一，村民世代靠海，以渔为业，有三分之一的渔业劳动力，几乎家家都捕鱼。男人们扬帆出海，颠簸海上，女人织网守候，这世世代代的生存方式，有不足为外人道的艰辛，抑有乐趣。住在东门岛上家庭作坊式的旅馆里，能吃到主人捕捞的新鲜海鲜，或者跟着船老大出海捕鱼、放蟹笼、垂钓，经历翻江倒海的晕船，听他们讲渔村如同老电影般久远的过去。如果农历三月来这里，还有传统而热闹的妈祖祭祀民俗活动，可感受渔村瑰丽的文化。

TIPS

- 地址：象山县石浦镇东门岛

- 交通：甬台温高速—甬台温复线高速—沿海南线—东门渔村

- 文化看点：渔民们信仰妈祖，崇拜关公，敬畏龙王，"三月三踏沙滩""妈祖赛会""六月六迎神赛会""七月半放海灯"……都是流传于东门渔村一带的渔俗文化活动。

- 热门推荐：天妃宫、妈祖雕像。在中国渔文化艺术村里，可以看到各式各样的鱼标本、以渔家为主题的书画展，还有《出水如黄金》的鱼拓。

方家岙村

有山有水的地方，自然是风景宜人，如果再加上面朝大海，那就是完美的度假地了。方家岙村是象山墙头镇的一个小村庄，过去这里虽然拥有得天独厚的位置，却因为没有什么特色而默默无名。现今环村溪坑河道被彻底疏浚，方家岙水库重新加固，村中又修建大型公园、河道走廊，在河道两旁实现绿化4000多平方米。

方家岙村的生态旅游环境越来越好，如同被打磨一新的钻石开始熠熠生辉。天然的田园风光、三星级酒店标准的客栈、孩子们喜欢的亲子游乐园、广场舞场地、海风吹来的湿润气息，这些都让方家岙村成为周末休闲度假的热门选择。

TIPS

- 地址：象山县墙头镇
- 交通：甬台温高速—甬台温复线高速—方家岙村
- 热门推荐：有千亩雷竹、通商古道、瑞安古桥、振兴禅寺、天然游泳池、山溪长廊等。

无乡趣，不乡村：宁波乡村旅游攻略

何婆岭村

何婆岭村山连山，山叠山，被竹林与茶园所环绕，因为受限于地理和交通，这里过去一直保留着原始淳朴的生产生活方式。而如今，古朴的山野村落重新焕发出了新的生命，碧湖、溪流、小桥、围栏、亭台、花坛、翠竹、茶园、茂林……来到何婆岭村，映入眼帘的是一幅悠然、静谧、秀美的园林式村庄。溪坑或蜿蜒曲折绕村静淌，或高低错落穿村而过，沿溪一侧以毫不起眼的溪坑石铺成的沿溪步道古朴无华，旧梁条、墙板则点缀在村口巷尾、房前屋后，组合成一品一景，既保留了村庄原有风貌，又增添了一抹天然情趣，让复古韵味与青山碧水互相映衬，把芬芳田野、乡村农居的闲情野趣凸显得淋漓尽致。

> **TIPS**
>
> ● 地址：象山县泗洲头镇
>
> ● 交通：甬台温高速—甬台温复线高速—象西线——何婆岭村
>
> ● 热门推荐：村内有烧烤基地，也有供午睡休息的吊床树林。可去祠堂里听老人们拉奏二胡。还有洋房改造的民宿，别具一格，透着浓浓的渔家风情。

黄埠村

黄埠村位于象山晓塘乡东部大金山西麓的山谷地带。村落坐北朝南，背山面水而建，规模小巧，但主要建筑群落颇为精致，令人叹为观止。三戒堂是村里最好的古建筑了，为国学生按察知政潘必金建于清乾隆二十一年（1756年），已有260年的历史。房子坐北朝南，大门朝东，意在迎旭东升。主人不信释道，所以留下"戒僧、戒尼、戒道"的家训，而得此宅之名。穿过天井，又见到梁柱上的鹿，雕得十分精巧。

注重修饰正是黄埠村现有古建筑的特色。在建筑的各个部位，体现着砖、木、石雕的精深功夫，在浙东堪称一绝。所到之处，斗拱、雀替、博风板、拦额、门楣、窗棂、影壁、匾额上，总是能看到雕刻，就连柱础、阶石和小门墩，都装饰得美观大方。

TIPS

- 地址：象山县晓塘镇

- 交通：甬台温高速—甬台温复线高速—墙头—S311—象山港路—盐三线—黄埠村

- 文化看点：目前黄埠村保存完好的古建筑尚有7处，除三戒堂外，三三堂也是村里保存最好的古建筑之一。

- 热门推荐：村内明清建筑遗存丰富，14座古建筑宅院均属清早期闽南建筑风格。院落相对独立又互相联系，布局有序，院内木雕、石雕、砖雕众多，艺术性极强，是江浙一带建筑雕刻艺术最高层次的代表之一。

无乡趣，不乡村：宁波乡村旅游攻略

溪里方村

溪里方村坐落在象山大雷山旁，因为村东西两侧都有条溪，村庄里又以方姓为主，所以它就有了这个看起来带着些田园诗意的名字。在溪里方村，每走一段路就能看到古建筑。古村就像陈酒，越品越有味道。溪里方村也是如此。初来乍到，被其中一座座古屋所吸引，但走着走着就会发现，人和其他事物，也带着一种独有的精气神。

溪里方村始建于明朝洪武年间，方氏祖伯礼，为方孝孺之从弟，进士出身，官御史，明洪武间从宁海城里迁居而来。历代溪里方的文官武将留下了数十栋相当考究的古建筑，散布在村庄，像仁三房、新屋等，都是象山县重点保护文物。

TIPS

- 地址：象山县墙头镇

- 交通：甬台温高速—甬台温复线高速—象山西—观海南路—溪里方村

- 文化看点：方家古宅，这里曾经是清朝时期五品官员方可钦的住所，因为是官员旧居，所以房屋的建造比普通人家的更为考究。大小均一的石板铺得整整齐齐，寓意着宅子主人的仕途顺利。

- 热门推荐：溪里方村背靠大雷山，可以登山徒步感受乡村的乐趣。村子里至今还保留以稻米为原料，发酵之后用铁炉蒸馏的古法烧酒的制法。

乡风乡貌·美丽镇村

横溪镇

横溪古镇位于金峨山谷北端，南面是茫茫苍苍的天台山余脉，北面是一望无际的宁绍平原。两条溪水从谷地流出，从小镇东西两侧流过，镇南一条短溪将其直面截断，使东西两边的溪水连成一气。《鄞县通志》中记载，横溪因有溪横亘镇上而得名，说的正是这条短溪。

横溪人习惯把花石桥以南的那一段街称为上街，把花石桥到横街的那一段称为中街，把横街以北的一段称为下街，这一带就是横溪的中心地带。过去靠近码头，得航运之便，商行林立，如今道路四通八达，这里依旧保留了市民交易中心的地位。

TIPS

● 地址：鄞州区横溪镇

● 交通：鄞州大道—人民北路—横溪镇

● 文化看点：且不说钱岙是周朝遗址，栎斜早在三国时就有人居住，光是旧鄞县的五大建制镇之一，就足够使横溪拥有多姿多彩的地域文化。王家大屋是横溪上街至今保存完好的一处深宅大院，由清乾隆年间进士王铨（安房）首建。

● 热门推荐：从横溪周夹村到东钱湖的亭溪岭古道，是近年来宁波周边最为热门的健身步道之一。金峨禅寺因金峨山而得名，大雄宝殿为2003年重建，建筑规模在国内寺院中屈指可数。几经沧桑的金峨禅寺，为佛教界创造了丰厚的积淀。

无乡趣，不乡村：宁波乡村旅游攻略

雁村 鄞州

鄞州的塘溪雁村是一个市级生态村。群山、小溪、古树将这个小村庄团团包围，真可谓是宁波的世外桃源。雁村名字的由来是村里有两条小溪包围着一座小山，远看小山似雁头，二溪似雁翅，民居大多聚居在这座小山上，村前即为有名的雁溪，汇入山下的梅溪水库。这雁村又叫童夏家村，村民大多姓童，下面的童村即生物学家童第周的老家。

村前的雁溪清澈无比，可见群鱼自由畅游，而空气中都是醇醇的樟树清香，带着一丝丝甜味，门前屋后的每一口水井里都是甘甜的清泉，简直就是天然的"农夫山泉"。夏日里，村中浓荫蔽日，人行走在绿荫下感觉分外凉爽，没有一丝汗意。

TIPS

● 地址：鄞州区塘溪镇

● 交通：甬台温高速—宁波绕城高速—甬台温复线高速—雁村

● 文化看点：村里有一红色宗祠，是建于清朝康雍年间的孝思堂，有300年的历史，被列为鄞州区历史文物保护单位。

● 热门推荐：雁村位于黄泥岭古道与菩提岭古道之间，翻过菩提岭古道可到奉化裘村，翻过邻村上周村黄泥岭古道可到奉化松岙，翻过雁村青箭岙古道则可经陈婆岙到横溪，穿雷石阪茶园经夏凉清塘也可到横溪。

勤勇村 鄞州

鄞州区东吴镇勤勇村位于太白山麓，沿着鄞县大道一直往东，驱车半个小时就可到达。远远就可以看到村口高高矗立的标志性建筑——勤勇村碑刻。村子在公路的左侧，车子可以一直经过凤仪门，直接停在村里的空场地上。

勤勇村有一道全部用石头砌成的城门，名曰"凤仪"。从凤仪门到凤岙门全程415米的村道全部用石块铺建，石墙、石门、石屋、石子路。这就是一个用石头垒起来的村庄。凤仪门是村子的入口，进入凤仪门就能看到村里的标志性雕塑——一只金凤凰展翅欲飞。听村里的老人介绍，勤勇村原名凤溪村，村子边有一条小溪潺潺流过，传说古时有人看到凤凰落在了凤溪上，因此20世纪70年代，村里就建了这座雕塑。勤勇村有着深厚的历史文化底蕴，境内有始建于唐咸通十三年（872年）的弥陀寺，如今有鄞州区最年轻的文物——凤仪门，这些吸引了很多市民前来参观旅游。

TIPS

- 地址：鄞州区东吴镇

- 交通：天一广场—中山东路—甬台温高速—宝瞻线—勤勇村。

- 热门推荐：勤勇村毗邻三条宁波大古道：大盘山古道、小盘山古道、瞻岐大嵩岭古道。古道沿途有茶山美景，四月中旬去，还可以看到整片映山红花海。

无乡趣，不乡村：宁波乡村旅游攻略

走马塘村

　　这里，水陆丰饶，山水形胜，人文鼎盛，名人辈出，陈氏家族自宋至今38代聚族而居，因当年官宦名人返回故里都遵循"文官下轿，武官下马"的惯例而步行进村，"走马塘"由此得名。走马塘因宋明清时期曾出了76名进士，故有"中国进士第一村"之美誉。

　　穿过一条条细长、曲折、绵延的石板路小弄，抚摸一扇扇精美的石花窗，探访朴素淡雅的明清翘角楼民居，晚清和民国年间的西洋楼、百年药苑的老屋、墓道石刻、石板桥、严家弄和阮家弄的由来、姜茅山的来历、金鳌山的传说、清和桥的故事……走马塘里有的是具有动人传说的弄堂文化，多的是砖石拼成的历史文化。一扇石窗、一副木雕、一块碑文，细节处留下的是时光痕迹。

TIPS

- 地址：鄞州区姜山镇
- 交通：甬台温高速—茅山出口下—茅山镇
- 文化看点：日、月、星、辰是千年古村走马塘赫赫有名的大房，而其旧宅是今走马塘闻名遐迩的前新屋、中新屋和后新屋。高耸的马头墙似桅如帆，错落有致地掩映在村落一隅，北靠护村河小桥流水，南临君子塘荷花绽开，显出一派江南水乡独有的神韵。
- 热门推荐："贻谷堂"是一位名叫陈松涛的著名老中医的私人诊所，也是至今宁波地区保存最完整的百年诊所。推门走进这清雅之地，眼前是一座布置精巧的小院。室内摆有八仙桌、单背椅，以及陈松涛阅读过的医书和号脉、开方用的工具等物，颇为雅致。

乡风乡貌·美丽镇村

溪口古镇 奉化

　　溪口，是个适合做梦的地方，你不去，它也照样进梦中来。北宋仁宗，梦了一座山，高耸奇突，古松参天、石桥玲珑、奇峰怪石、瀑布千丈，乳白色的泉水从石孔涓涓流出，还有一座红墙黄瓦的深山古刹。这一梦，一道寻山的圣旨，就把自古建城的溪口惊醒在世人面前。

　　若去溪口寻梦，武岭门便是进入梦境的结界，三间两房城楼式建筑立于剡溪江边，拱门城郭、城堞起伏、飞檐翘角、气势非凡。登楼四望，近可观溪口三里长街之热闹，远可眺四明山色之秀丽。沿着青石铺就的武岭路自东向西，次第散列着蒋氏宗祠、丰镐房、玉泰盐铺，或是不知名的，整片或小片的民国风格的老宅子。清一色的青瓦白墙，因时光冲蚀剥裸出青砖和木梁，院角院落滋长着野草野花。

TIPS

● 地址：奉化区溪口古镇

● 交通：宁波—甬金高速公路—中兴东路—溪口古镇

● 文化看点：丰镐房是蒋氏住宅，房前是潺潺东流的九曲剡溪，颇有气势。出丰镐房向西走200米，是清末盐铺——玉泰盐铺，也是蒋介石出生的地方。

● 热门推荐：可以去雪窦山的雪窦寺感受弥勒道场的弥勒文化，夏季可感受溪口漂流的刺激，冬季可去商量岗滑雪。

无乡趣，不乡村：宁波乡村旅游攻略

大堰镇 奉化

大堰镇位于奉化市西南端，北邻尚田镇，东南与宁海县毗邻，西与新昌接壤。全镇森林资源丰富，牧草基地近万亩。大堰镇的野生动、植物种类繁多。镇内有明代尚书王钫的故居，宁波市总工会创始人王鲲烈士墓、奉化市第一任县委书记董子兴烈士墓、中国首任驻印尼大使、著名作家王任叔（巴人）故居，柏坑村明清故居，以及石井龙潭、福星桥、柏坑水库等文物古迹和自然风景点。

当地农户还继承着原始的劳作传统，保留着大量的原始耕作农具：石磨、水车、旧式竹器、竹具，还有原始造纸器械，同时还保留了斗鸡、斗羊等传统的娱乐项目。

TIPS

● 地址：奉化区西南部

● 交通：机场高架—东环路—S34—尚临线—大堰镇

● 热门推荐：周边旅游景点众多，可以前往浙东民俗博物馆、柏坑欢乐谷等。也可体验水上人家、森林氧吧、夏令营基地、石井吉祥谷、仰天湖一泉等。

乡风乡貌·美丽镇村

滕头村 奉化

　　滕头村，好似平地而起的海市蜃楼，在寂寥的奉化北郊建起的一座100万平方米的人工花园。花园内，民居整齐、田园秀丽、花木葱茏，四季更迭而美景不断。哪怕至寒冬，滕头村依然绿树成荫，有鸟鸣啭。花木培植是滕头的主要产业，村中处处是品类繁多的苗木，春有桃李，夏有杨柳，秋有枫杏，冬有松柏，更有划分区块的培植基地。所以目之所及处常年绿意深深，生机勃勃。

　　沿桔洲路游玩，童趣园、花卉观赏区、婚育新风园、公仆林、将军林等同样葱葱郁郁。滕头村的民居集中在村子的东侧，站于高点放眼望去，一座座农家别墅整齐划一、造型新颖。

TIPS

- 地址：奉化区滕头村

- 交通：市区—鄞奉路—三横—滕头村

- 热门推荐：滕头村的美食和特产众多，如傅氏姜糖、北瓜、青瓜、葡萄、黄花梨、土鸡蛋、草莓等。

无乡趣，不乡村：宁波乡村旅游攻略

岩头村

过蒋氏故里溪口镇，再沿岩溪行进，便是岩头村。毛姓是岩头村的大姓，而村内三桥一水刚好组成了一个"毛"字形的村落骨架。清代，岩头水路交通十分繁盛，是奉化西南山区的出口通道和物资聚散中心。米店、肉铺、钱庄、理发店、中药房、南货店、咸货行、布庄店等商肆，鳞次栉比，商货云集。现保存完整的旧商铺老店号，仍有几十间之多。勾勒出一幅明快的民国版的《清明上河图》，熙熙攘攘，南北商贾接踵而至。

村内古屋连绵，诸多的民俗民风沿袭至今。烟雨长弄，回廊尽头，庭院深处，秀气萦绕。一处处地走过去，满眼古旧的青墙黛瓦。在这一座又一座深宅大院里，有多少才俊少年，多少风华绝代佳人，多少风流和传奇。这些年代久远的老房子，经过岁月的洗练，镌刻了深深的历史痕迹，成为不同寻常的印记。

TIPS

- 地址：奉化区溪口以南

- 交通：甬台温高速—姜山北枢纽—甬金高速—溪南线—岩头村

- 文化看点：清嘉庆大书法家毛玉佩真迹、摩崖石刻，蒋介石发妻毛福梅故居、毛邦初故居等景观密集，且保存完好，维持着当初的风貌。有保存完整的三合院、四合院，多为明末清初建造的名人故居。

- 热门推荐：该村有岩头漂流、山野运动营地等参与性较强的运动项目，可开展森林寻宝，参加野战营、人工攀岩、森林攀爬、射击、山地自行车、烧烤野餐等活动，村内提供特色农家饮食，以及挖笋、采摘等农事体验性活动。

青云村 奉化

奉化市萧王庙街道青云村,因旧时有"青云联步坊"而得名。地势平坦,交通便捷,前临门前河,后倚剡江,曾是剡溪航运中的重要码头之一。

青云村传统文化深厚,文风昌盛,据民国十六年(1927年)《泉溪孙氏宗谱》记载,唐代孙氏先祖"知奉化县"时,遂搬迁至此地。明弘治年间进士孙胜官至刑部主事,嗜书如命,筑"竹庄书屋"。万历年间工部主事孙能传筑"云村书屋",乾隆十一年(1746年)孙上登办"湖润书塾"。光绪二十三年(1897年)进士、内阁中书孙锵建"七千卷藏书楼"。民国期间,孙鹤皋办奉北小学,建"天孙阁藏书楼"。古村系孙氏聚居之地,距今已有1000多年历史,积淀了深厚的历史文化底蕴。

该村传统建筑保存数量庞大,整体风貌仍然保持了清末民国时期的风格,是我市保存相对较好的古村落。传统建筑类型有民居、祠堂、藏书楼和桥梁等。

TIPS

- 地址:奉化区萧王庙街道
- 交通:鄞县大道—S34—S36—萧云路—青云村
- 文化看点:青云村出过多位藏书家,一世祖原甫公用"学而优则仕"为后世青云村播下了读书种子。读书、爱书的传统在青云村一脉相承,历代登科及第者甚众。
- 热门推荐:青云藏书楼由藏书楼和议事厅组成,分别位于萧王庙街道青云村孙氏宗祠大门外东西两侧,民国庚午年(1930年)由孙鹤皋出资所建。

无乡趣，不乡村：宁波乡村旅游攻略

马头村 奉化

　　马头，古称"䴔䴖"。䴔䴖是一种水鸟，因马头地处海滨泽国，䴔䴖聚栖，故以此作为村名。早在唐朝天祐二年(905年)这里便有了先民居住，迄今已有1000多年历史。从清代嘉庆年间以来建有前仓门、酒坊、后大园、义门堂、下仓屋等10多处建筑，民国时期又建有金茂房、元大房、王淮房等多个阊门。马头村的明清旧居基本处于原生状态，积淀着斑驳厚重的人文历史。

　　走进马头村如江南水墨画般的旧民居中，这里的牌楼、石亭、池潭、古井似乎都有无尽的故事等着被聆听。布袋和尚曾在这里留下教化百姓、围海造田的足迹；甬象古道、海上丝路曾在此设埠；元时东南文章大家戴表元曾在此吟诗作文。马头村里沉淀的历史和美需要用行走的方式慢慢品味。

TIPS

● 地址：奉化区裘村镇

● 交通：甬台温高速—甬台温复线高速—马头村

● 文化看点：布袋和尚在这里留下了教化百姓和围海造田的足迹。海上丝路、甬象古道在此设埠，对马头村的发展影响深远。马头村又是防匪、抗倭和清初立桩划界海禁之所。

● 热门推荐：来这里体验各色的老宅子，感受浓浓的生活气息。

乡风乡貌·美丽镇村

黄贤村 奉化

　　凡·高的《星空》，在明亮橙黄色的明月照耀下，画面上那巨大的、卷曲旋转的星云，流动夸张。在高楼林立的城市里，你有多久没有见到过充满生气的星空了？奉化黄贤森林公园是经宁波市天文爱好者协会详细踏勘、论证后，特授予的首个"黑夜保护区"。所谓"黑夜保护区"的意义，就是为了头顶的这片星空，能够让我们以及后代不至于只认得灯光的闪烁而淡忘了星空的璀璨。

　　黄贤群山环绕，拥有良好的森林植被，没有城市灯光污染，每当夜幕降临，满天繁星灿烂。此外，通过对夜景建筑的控制，专门引进程控灯光和设备，晚上9点以后，所有景观灯自动停熄，整个黄贤顿时融入沉沉黑夜。

TIPS

● 地址：奉化区裘村镇

● 交通：童南路—姜山—蔡郎桥—白杜—莼湖—曹村—黄贤村

● 热门推荐：黄贤森林公园内风景优美，相传秦末汉初，商山四皓之一夏黄公曾在此隐居，村名由此而来。蟠龙寺始建于嘉靖年间，香火鼎盛一时。

无乡趣，不乡村：宁波乡村旅游攻略

常照村

作为掩在奉化南隅大堰镇的一个小村落，常照处在"深闺"，却不是叫人敬而远之的"大家闺秀"，相反，这座群山环抱、山清水秀的小村庄的悠然与朝气久绕在人心头。

宁波十大名桥之一的福星桥可谓是常照的迎客桥，蜿蜒山间，望见福星桥便知已到常照。虽然风沙的侵蚀使得桥上石雕护栏上的石狮都模糊了面貌，然而古朴的身影配着桥下的溪水浅浅地流着，岸上高高矮矮的芦苇随风摇摆，倒也是一派悠然的意境。

常照村最有名的是这里的千年古树群，其中有国家一级保护树种红豆杉、白玉兰、枫香等珍贵树种，银杏、广玉兰更是丰富，两棵红豆杉中的其中一棵树龄已达700多岁，中间已空，可以容纳四个人！历经了风雨沧桑，依然生机盎然，于是有了"无心胜有心"的说法，为江南第一。

> **TIPS**
>
> ● 地址：奉化区大堰镇
>
> ● 交通：甬台温高速—沈海高速—东环路—金许线—尚界线—常照村
>
> ● 热门推荐：汪氏宗祠是常照村汪氏的大宗祠，门楼考究，木雕、砖雕也都非常精美。古树群在村庄的灵峰庵后面，那里有七棵古树，还有一棵千年红豆杉。

乡风乡貌·美丽镇村

栖霞坑村

栖霞坑，单听这个美丽的村名，就让人遐想。桃花、樱花绽开时节，一簇簇深红浅红像一片片彩霞，栖满了小小的山坑。栖霞坑原名桃花坑、桃花沟，大概清末才改名栖霞坑的。从溪口镇出发，绕着盘山公路，顺着一条潺潺小溪一路西行，沿途深山茂林，群木参天，徐凫岩断崖层叠，一路向南延伸，商量岗、三隐潭、千丈岩、妙高台等胜景也尽收眼底。栖霞坑古村很美，一条清浅的小溪，把栖霞坑两岸人家连成完整村落。村道两边的清末、民国时期建筑一家挨着一家。香樟、樱花、青砖、黛瓦、炊烟、溪流和古朴的廊桥，随着一阵古风扑面而来。

> **TIPS**
>
> ● 地址：奉化区溪口镇
>
> ● 交通：沈海高速—宁波西枢纽—甬金高速公路—溪口西互通—栖霞坑村
>
> ● 文化看点：是唐诗之路所提及的"桃花坑"，整个村庄充满着诗情画意般的美意。跟着唐诗中的诗句去探索这个村庄，别有一番韵味。
>
> ● 热门推荐：栖霞坑古道一路上密林遮道，卵石铺就。春秋两季是古道最佳时节，春季桃花遍地，自然是栖霞坑的一大特色，然而深秋季节，红枫点缀山林，杉树金黄色的落叶铺满古道，浓烈而丰满的色彩使得这里拥有迥然不同的春天烂漫的成熟气息。

无乡趣，不乡村：宁波乡村旅游攻略

横溪村 镇海

因横溪村坐落在"碧水仙踪，养心天堂"的九龙湖风景区内，山色水色便更胜一筹。村内有一条纵贯全村的溪流，沿着溪流筑有一条通村的道路。这是一座典型的因着山谷河流而发展起来的狭长村落。虽是自然村，却有着一股不同寻常农村的清丽深秀。道路两旁的屋舍均是两三层高的独门小楼，白墙黛瓦，整齐俨然，其间绿树、小桥、流水环绕。走在村中和村前的古樟、百步溪、孔雀湖、村后的万顷竹林，为山村增添了旷远与清幽。村口还建有百寿园、烧烤园、香山缘广场等基础设施，每每总能吸引游客驻足。村子不远处，还有座距今1250年历史的香山教寺，依山傍湖，香火悠悠。

TIPS

- 地址：镇海区九龙湖镇

- 交通：宁波绕城高速—九龙大道—横溪村

- 热门推荐：毗邻九龙湖景区，感受采摘乐趣。也可自驾沿着横溪村—桃花岭—秦山村—九龙湖线路环湖感受两岸美景。

乡风乡貌·美丽镇村

郑氏十七房

　　郑氏十七房的古朴绝非做旧可以模仿，时间在砖瓦池壁中留下的记忆，是裂纹，是苔衣。穿过连廊，跨过门槛，每一个转角都能变换出崭新的一幕，似乎分分钟都会有一场意外的邂逅。从家族聚居，到古宅景点，现在的郑氏十七房被冠以"开元"的名，成了继绍兴大禹开元主题酒店后，开元集团的第二家村落式民俗主题酒店。

　　一层高过一层的马头墙，很自然地将十七房划分为外厅、内堂、宴厅、餐吧、房宿……连廊相连，即便是雨天，也能在其间自如地穿梭；巷弄相隔，分明的功能划分，互不打扰，随处皆有清幽。扇形的路牌以工整的楷书书写，轩、园、堂的称呼，透着儒雅味儿。如今的十七房既融合了北方合院的大气，又浸染了南方楼榭的玲珑，用现代的方式，复原了那个时代的生活品相。

TIPS

● 地址：镇海区澥浦镇

● 交通：杭沈线—东昌路—望海南路—望海北路—开源路

● 文化看点：七百多年前，郑氏家族始祖靖侯公举家南迁，成就了郑氏十七房。起先只有东、西、中央三房，后因老宅无法满足日益壮大的家族需要，便别营新宅，靖侯公行十七，便以"十七房"为他的宅居命名。

● 热门推荐：俗话说"十七房有三宝"：旗杆最多、最高，宁波都能看到；十七房三年不下雨，河水不会涸；十七房马头墙最多，一级要比一级高，台风吹不倒。十七房被护城河包围着，家家门前都有埠头，小河串着大河，直通宁波。傍着小桥乌篷、鸭子戏水、杨柳拂岸、倒影横斜，"淇水烟波半含春色"的景致浸透在浓浓的水雾中。

无乡趣，不乡村：宁波乡村旅游攻略

光明村 镇海

崭新的光明村好似乡野之中的一颗明珠镶嵌在百花丛中，鳞次栉比的乡村别墅与农家田地交错相生，虽早已听闻其"不是都市，胜似都市"的美名，但走在乡间，那遍野的农田人家仍久久让人无法忘怀。

穿过笔直的柏油马路，呈现在眼前的是一座座被葱绿灌木与娇艳花朵所包围着的两层别墅。定神一看总会有些诧异，四围是那盛放正酣的油菜花，金灿的黄色好似漫天的礼花惊艳而又夺目，眼前确实是鳞次栉比的别墅，俨然一派都市森林的景象。村中首先吸引人的便是占地1万平方米的村文化广场，景观雕塑依次排列，各色花木交相掩映，一派自然大气之景。尽管早有耳闻，但亲眼所见还是为光明村这"不是都市，胜似都市"的景象吃了一惊，而这一切亦城亦景的独特农家风光早已在游人脑海里留下了抹不掉的记忆。

TIPS

- 地址：镇海区庄市街道

- 交通：人民路—环城北路—庄合线—光明村

- 热门推荐：除却景色宜人的自然风光与舒适休闲的农业生态游，商帮文化也是光明村周边不可错过的重要景点。包氏故里，既反映着宁波当地民居的建筑特色，还是展示宁波商帮古老教育传承与古文化传统的江南第一学堂。

乡风乡貌·美丽镇村

汶溪村 镇海

"慈东山水，文溪首焉。"这句话见于清朝乾隆年间的《溪隐庵碑记》，它不但提到了汶溪的来历，更暗示了这里与春秋时越国大夫文种的渊源匪浅。汶溪公路，是镇海境内一条极美的公路。隆冬时节，路边两排高大的水杉，跟说好了似的集体转为红棕色，地上布满落叶。中大河在汶溪公路南面缓缓流淌，几座线条柔美的小山沿着中大河分布着。几个小村子沿河安插，依山傍水，山清水秀。中心村，便是其中之一。对于当地的老百姓来说，中心村是一处珍贵文脉的所在地，有文种桥、文种书院、文种凉亭、文种隐居所等各种遗迹及传说。有资料显示，这里是春秋末期越国大夫文种的故里。

TIPS

- 地址：镇海区九龙湖镇

- 交通：机场路—青林湾大桥—东保线—骆慈线—汶溪村

- 文化看点：近年来的考古发现和史料研究证明，文种曾长期隐居镇海汶溪一带，汶溪可说是"文种故里"。

- 热门推荐：可以游览文种书院和文种凉亭。村中山清水秀，风光明媚，流传着文种与汶溪的优美传说，来这里增添书香底蕴，未尝不是一种美谈。

无乡趣，不乡村：宁波乡村旅游攻略

民丰村 (北仑)

提到北仑，想到的是能够吞吐超级油轮的梅山保税港，想到的是有宁波本土"迪士尼"之称的凤凰山主题乐园，想到的是闻着海味、磕磕海鲜的惬意。然而北仑还有一处依山傍水的绝好风光，就在春晓民丰村。

东临象山港之滨，西与"东南佛国"天童寺一岭之隔，南与鄞州区瞻岐镇毗邻，北通茅岭隧道，绝佳的地理位置让民丰村享受着大自然的恩宠，四周青山环抱，三条山溪自上缓缓而下，在村中心形成九龙潭，群山簇拥，翠竹庇荫，绿树华盖，植被茂盛，田园风情浓厚。除此之外，拥有800多年历史的民丰村民俗活动也是一大特色，村中有自己的舞龙队、腰鼓队、舞蹈队。每逢重大节日，村中就会上演马灯戏、舞龙等传统节目，好不热闹。

TIPS

● 地址：北仑区春晓镇

● 交通：甬台温高速—大河南路—民丰村

● 文化看点：民丰村村民大多数姓周，根据民丰村《周氏宗谱》记载，民丰村周氏祖先约在宋末元初之间，从鄞南茅山迁居于此，至今已有800多年历史了。村庄历史悠久，现在仍保存着一批古宅。

● 热门推荐：可居住在民丰村民居内，民居的名字来源于村庄十景诗，均为村民自创。

瑞岩村

瑞岩景区被誉为"浙东西双版纳"。瑞岩寺与隔山相对的天童寺、阿育王寺一起成为浙东名刹。有了这名气颇大的"瑞岩",紧邻着景区的瑞岩农村新社区显得尤为令人期待。这座美丽乡村虽然地处山野,但是却有一派新城风貌。新铺的柏油马路平坦干净,行道树尽是五针松、红叶石楠、茶花等园艺植物,即便是田间小道,也用乳白色栏杆拼起来,被称为"河头花廊"。村内还建有一个亲水公园,名叫"生态憩园"。在那里,石板路、鹅卵石路蜿蜒,将整个公园盘在一起,并直通到瑞岩寺水库大坝脚下。小路之间种满了各色的花木果树。

> **TIPS**
>
> ● 地址:北仑区柴桥街道
>
> ● 交通:甬台温高速—大河南路—瑞岩村
>
> ● 热门推荐:瑞岩景区被誉为"浙东西双版纳"。瑞岩寺与隔山相对的天童寺、阿育王寺一起成为浙东名刹。即便是田间小道,也用乳白色栏杆拼起来,被称为"河头花廊",村内还建有一个亲水公园,名叫"生态憩园"。

无乡趣，不乡村：宁波乡村旅游攻略

鄞江古镇

于生活在这里的人们来说，这些文字或者坊间传说远比不上石板和年轮的记忆更加让人信赖。上了年纪的老人，依旧有这样的画面萦绕于脑海：疏林薄雾之中，鄞江桥头上人头攒动，来自宁波、绍兴、台州三府六县的商旅齐聚于此，男女老幼，士农工商，三教九流，桥下粮船云集，无论是山上奇珍，还是海里奇鲜，应有尽有，一派繁荣景象。而今，当年的繁华难觅踪影，青砖灰瓦的民居里的生活悠然有序，淡去的岁月只留下早起浣洗的妇人脚步声轻扣着，一停一顿，摇摇晃晃从晦暗的时光深处里缓缓而来。鄞江镇上沿河的老街上，夏日的栲树枝叶繁茂极极。风和鸟携着种子洒在各处，时光流转，今日漫步在这个老镇的角落，总能瞧见千百年的树丛依旧郁郁葱葱。

TIPS

- 地址：海曙区西南边
- 交通：S34—荷梁线—洞桥互通下—鄞江古镇
- 文化看点：关于它山堰，民间流传着十兄弟传说，为了将筑大坝最关键的十根基桩固定在水底，十兄弟用血肉之躯随基桩沉入水下，铮铮铁骨感动了当地百姓，它山堰上方的它山庙便是为了这十个热血汉子而建。
- 热门推荐：每年的十月十庙会，是鄞江镇最盛大的节日。三到五天的庙会期间，沿街商贩云集，货物琳琅满目。从开街仪式开始，舞龙、腰鼓、唱戏活动不绝。

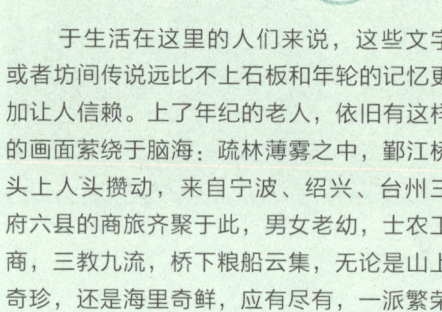

乡风乡貌·美丽镇村

龙观乡 海曙

龙观乡地处海曙区西部,东与鄞江镇相邻,西与章水镇相邻,东南与奉化溪口镇相隔,73平方千米的土地上拥有绿色的生命希望、红色的记忆、金色的桂香馥郁,在四明山麓孕育出瑰丽色彩。在绿化覆盖高达92%以上的龙观乡,空气质量在宁波首屈一指,有着得天独厚的生态资源,森林、湖泊、走兽、鸟雀,千百年的自然生息许给了龙观一个充满生机的未来。龙观之景,移步换影,水穿行在山涧,山倒映在水中,是一幅山水画卷。

山水滋养下的龙观,在绵长岁月里印刻出唯属于这里的人文情结,古老的山门敞开,龙的传说萦绕在此庇护千年。一月闹元宵,八月赏桂花,家家点灯,村村舞龙,闹腾的背后是人们对于未来的期盼。走进龙观,感受山的葱茏、水的灵动、人的温情。

TIPS

- 地址:海曙区龙观乡

- 交通:甬金高速—洞桥出口—鄞江方向(荷梁线)—龙观乡

- 热门推荐:五龙潭风景以潭、瀑而闻名,溪流飞瀑、怪石险峰是这儿的特色。每年的三、四月份是五龙潭杜鹃花盛放的时节,除了五龙潭,大松湾古道也是值得一探的好地方。传说大松湾古道原是旧时从龙观乡进四明山的古道,蜿蜒穿行于峡谷之间。

043

无乡趣，不乡村：宁波乡村旅游攻略

李家坑村

一边是潺潺的溪水，一边是静如处子的山村。四明山怀抱里的李家坑有着一动一静的性子。这是一座千年的江南古村落，虽然已不知是何年而建，但村中保留了众多明清及民国时期的古民居。砖雕、木雕、石雕、青石墙基、青石小路、台门各异，古树依屋；曲溪环绕，炊烟袅袅……是一幅日落而息的江南旧景。

循着炊烟，古民居里的农家乐带着点过往的记忆，一群人坐在竹椅上围着实木圆桌吃着农家菜：土鸡、溪鱼、蔬菜，儿时的快乐与满足感又找了回来。层次分明的古建筑群和悠然的农家乐构成了李家坑新的风景线。贪恋田园风光的人儿，不妨上青山如黛、风光旖旎的李家坑村，尽享山林野趣。

TIPS

● 地址：海曙区章水镇

● 交通：甬台温高速—姜山北枢纽—荷梁线—密北线—细北线—李家坑村

● 文化看点：两层楼四合院遍布村落，屋与屋之间是高耸的马头墙，台门上镶嵌的砖雕门匾，字迹清晰："环溪楼""莫厥修居""与鹿游""凤跃鱼游""千祥云集"等，村内还有李氏家庙、务本堂、善教初等学堂等遗迹、旧址。

● 热门推荐：李家坑种植柿子、吊红已有600多年历史。当地还盛产花旗芋艿，个头呈长圆形，皮土褐色，肉质硬而粉，香味浓，尤其适宜做烤芋艿。夏季，李家坑漂流也是不得不体验的项目。

乡风乡貌·美丽镇村

杖锡村 海曙

一说到乡村风情,很多宁波人就会第一时间想到四明山的杖锡村,蜿蜒的山路,清澈的小溪,笔直的古树都呼唤着你即刻驱车去亲身感受乡村的新鲜空气。一到每年四月樱花盛放的季节,到杖锡的游客就更加络绎不绝了,烂漫粉嫩的樱花像一个个娇羞的姑娘,若是刚好赶了个雨后到这里,那樱花美景又是另外一番风味了。除了四月赏樱,十月到杖锡赏枫也是一个不错的选择,一片片火红的枫树林让你置身在金秋"红雨"中,走近它,抚摸叶子边上的细小锯齿,五条叶脉细细的,颜色越往下越淡,让人不禁想起"霜叶红于二月花"的诗句。

TIPS

- 地址:海曙区章水镇

- 交通:甬台温高速—姜山北枢纽—荷梁线—密北线—杖锡村

- 热门推荐:徒步杖锡村,四月赏樱,十月赏枫,也可去茅镬走一番,感受千年古树群的魅力。

045

无乡趣，不乡村：宁波乡村旅游攻略

蜜岩村

大美章水怀抱中的蜜岩村，是一方人杰地灵的沃土。它位于章水镇冲积平原之西端，四明山之东南缘，是入四明山腹地的要津，也是大、小皎水系的汇源之地。

蜜岩村视野开阔，百草丰茂，土地平旷，屋舍俨然，有陶渊明笔下世外桃源的风度。百姓安居乐业，民风淳朴。田地里，水嫩的青菜排列得整整齐齐，荷着锄头的老人眉开眼笑。许多人在自家院子里栽种了植物，含笑树、桂花树、栀子树，还有蹿到墙外的仙人掌，长得肆无忌惮，嚣张跋扈。或等到某个植物的花期一到，香味弥散在村中，沁人心脾。

TIPS

- 地址：海曙区章水镇
- 交通：S214—荷晓东路—012县道—蜜岩村
- 文化看点：蜜岩是一块英雄热土，抗战时期，爱国民主人士应斐章与中共党员崔晓立在蜜岩组织垦荒团，使之成为全国19块抗日根据地之———浙东革命根据地的重要组成部分。
- 热门推荐：蜜岩村已有800多年的历史，村中古迹众多，现存建筑多为明清时期，并以清代为多，以墙门为主，比较有特色的有老街、长大屋街、桂馥堂、府台春晓、中宅墙门、双韭山房、望三益、前八房、里外堂前和见大宝墙门等，村中还建有多处太平池，既可以供生活用水，火灾时还能取水，其设计之巧妙可见一斑。村落南部尚有一座建于清咸丰二年（1852年）的万安桥，造型美观，具有一定的历史文化价值。

乡风乡貌·美丽镇村

慈城古镇 江北

　　慈城古镇是江南极少数保存较为完好的县城，保留了完整的传统生活结构方式，保存下来的传统建筑中不但有大量的民居建筑，还有孔庙、会馆、牌坊、古井等公共建筑和构筑物。遴选出来的慈城古建筑群是其中最优秀、具有代表性的建筑。其中孔庙布局完整，规模宏大，为浙东地区现存最为完整的文庙，反映了儒学在传统生活中的重要性及其深远的影响。

　　明代的甲第世家、福字门头、符卿第、布政房和清代的冯宅等名人故居，做工精致，用料考究，是当地民居的代表，其周围仍保留了完整的传统街区，历史环境未有大的改变，集中地反映了慈城明清时期的建筑风格和生活气息。冯岳彩绘台门是江南彩绘的重要实例，具有宋式彩画的遗风。

TIPS

● 地址：江北区慈城古镇

● 交通：宁波绕城高速往跨海大桥方向—慈城出口—慈城古县城—慈城古镇

● 文化看点：慈城古镇以四个第一引以为豪：进士第一、孝子第一、书院数量第一、名胜古迹第一。

● 热门推荐：古镇内有孔庙、甲第世家、福字门头、冯岳彩绘台门、县衙、校士馆、慈湖等景点。推荐慈城著名餐厅走马楼，可品尝酒糟核桃羹、笃辣慈湖螺等。

无乡趣，不乡村：宁波乡村旅游攻略

半浦村

半浦，古时称鹳浦，亦称灌浦、官浦，取灌溉农田之意，因田中有鹳，又称鹳浦，几经历史的周折，清代定名为半浦。清代当地人郑彦邦写有《登三星阁》诗："杰阁登临晚，寒村古渡头。暗潮生极浦，落日送孤舟。水市鱼虾贱，江皋桔柚秋。暂归人似客，望远不胜愁。"往昔半浦的繁华可见一斑。如今，残留下的古宅、渡口、筒瓦、马头墙……依旧与半浦人的生活息息相关。它虽只是一个江南小村，但经过长期的文化积淀，古村历史底蕴非常深厚，村里被公布的区级文保点就有24个。这些建筑多为明清时期所建，如明万历年间的老安仁庙、嘉庆十六年的三星阁等，有人形容半浦是"三庙六祠堂，一街一阁一义庄"。

TIPS

● 地址：江北区慈城镇

● 交通：杭甬高速—沈海高速—半浦村

● 文化看点：当地曾有"半浦大地方，三庙六祠堂，一街一阁一义庄"的说法，村里现有区级文保点24个，曾被列为宁波市十大历史文化名村之一，是宁波少有的渡口古村。

● 热门推荐：半浦渡口是运河两岸为数不多的活渡口。不远处，就是杭州湾跨海大桥南连接线工地，对岸即为鄞州高桥。该村距离慈城古镇不远。

毛岙村 江北

一路驶向毛岙，随着地势高低的流线起伏，连绵蜿蜒，视野便开阔起来。只一瞬，眼前好似出现一幅幅山水美画。天、山、湖、田野和谐自然地形成五条色带，清丽脱俗，加之山野之间的纯净空气，令人神怡。慈城毛岙村，隐匿在山林间，紧挨着荪湖和毛力水库，村中的农家乐里鱼塘养殖和垂钓活动自是不必多说，每逢周末或节假日都有垂钓爱好者前来消遣时光，远离喧嚣，自得宁静，在这儿吃吃农家菜，穿穿小弄堂便能耗上一整天。若是夏天到访，犹如遁入一个清凉的世界，自然微凉的山风拂面而来，村里还有水景接待区、亲水娱乐区，一入水，躁热顿时消失得无影无踪。

TIPS

- 地址：江北区慈城镇

- 交通：杭甬高速—沈海高速—慈城连接线—骆慈线—上毛线—毛岙村

- 热门推荐：去毛岙，首先得经过毛力水库，一潭碧绿的湖水，总是令人有惊艳之感。山水便是毛岙最大的卖点。毛岙村有农家乐、溪流水、垂钓园、坑道洞、环湖骑行等。

无乡趣，不乡村：宁波乡村旅游攻略

鞍山村 江北

鞍山村又名安山村，村庄周边青山绿水，风景秀丽，人文景观资源与自然景观资源兼具，既有宁波著名景点——千年古刹保国寺，可以带着孩子到此感受千年古建筑的魅力，又可由此村进入北山游步道，开始一段登山的旅程。当然，村庄里的风景也等待有心的你来发现，经过近年的"美丽乡村"建设，鞍山村内粉墙黛瓦随处可见，沿着村庄的小河漫步，一株株粗壮的老樟树向你诉说着这个村庄的历史。

鞍山村里大大小小由村民开设的十余家农家乐饭店绝对能让你的胃也体验一次农家之旅，村口"北山人间"的宁式熏鱼、家烧土鸡，湿地公园边上"日旺农家乐"的"神仙鸡"都已成为食客多次上门的理由，而"农家食堂""月半湾"热情的老板娘也让人生了留下喝茶、聊天的欲望，慈江农家的老板精心打理的小花园，是约上三五好友喝茶、聊天的好去处。

TIPS

- 地址：江北区洪塘街道

- 交通：市区—机场高架—鞍山村

- 热门推荐：村里有9家不同类型的民宿，"老樟树"装修古朴、精致，"蔷薇人家"的院子适合好友聚会小住，而"南货老宅""八方客栈"则能真正让你体验一把农村老房子的别样风情。

乡风乡貌・美丽镇村

韩岭村

老鄞县的"韩岭市"在千年以前就已是浙东名"市",村落因韩氏族人的定居而得名。王安石治鄞时(1048年)重建湖界,那时韩岭村已形成逢五、逢十的定期集市,足见"韩岭市"在当时已颇有名气。

旧时韩岭有柴场、竹木场和卖盐场,正是这"三场"和老街,使这个古村成为名噪一时的"韩岭市"。物资的交流,商业的兴起,这一重市历经宋、元、明、清、民国,直到近代,长盛不衰。回过神来,倘徉于这古来繁华市街,时至今日再至,韩岭已不复当年的隆盛,老街老铺的红墙极蕴年华剥落的沧桑感。行走在老街上,但见两旁店铺排门紧闭,旧有市肆现多已出租,沉默着绵延向前……多少万人攒动,车马喧嚣的风光,都付如风往事。

TIPS

- 地址:东钱湖镇南岸

- 交通:鄞县大道—钱湖北路—连心路—韩岭村

- 文化看点:金姓是韩岭村的大姓,中国第一位女留学生金雅妹就出于韩岭。而孙、郑、史等族也是门庭显赫,尤其是史姓,其祖上有"一门三宰相、四世二封王"之称。此外,20世纪70年代末沙耆先生寓居处则是一独门小院,院门上书"竹苞松茂"四字,并创作了油画《韩岭小景》。

- 热门推荐:韩岭有个小沙井,小小一井,长约1米,宽约半米,在自来水普及之前的数百年来,是韩岭所有人家共同的饮用水。小沙井冬天热气腾腾,夏天凉沁心脾,甘甜可口,即使是东钱湖底开裂的大旱天,井水也总是满满的,是一口难求的古井。

无乡趣，不乡村：宁波乡村旅游攻略

陶公村

相传春秋时期，越国大夫范蠡不慕名利、功成身退，偕西施隐居于东钱湖畔。陶朱公后代繁衍，陶公村即由此而来。陶公村人多姓忻，是因后代为防越王追杀，而将"范"姓改成"忻"，意为心中有斤两，有经商的才能。陶朱公为中国儒商之鼻祖。村子紧挨着陶公山，半面临水，于是房屋像是从水中拔地而起，一幢一幢紧密地咬合。村内的巷弄极多，外人一旦闯入就犹如进入了一个迷宫。沿着石板路，陶公村的深处几乎清一色的黛瓦灰墙，这些跨越了二三百年的典型宁绍民居，至今依然有人生活其中。陶公村里或许还留着东钱湖最初的样子，浣洗的衣服漂在水中舞动，门前泊着将行万里的渔船。湖畔原生的人们最能懂得这一汪湖水的性情和美妙，这是再多景区的介绍词都无可比拟的。

TIPS

- 地址：东钱湖镇

- 交通：鄞州大道—东钱湖大道—湖小线—陶公村

- 文化看点：陶公村历史悠久，因陶朱公而得名。目前仍保留的建筑建造年代前后跨越二三百年时间，有清中晚期建筑、民国时期建筑和现代建筑，其中清中晚期建筑和民国建筑占了大部分。

- 热门推荐：这个密集聚居的村落，其生养劳作较为完整地保存了历史遗存的物态和习俗、节庆、信仰，因此更具有古村独特而丰富的个性和魅力。

下水村

"一径崎岖通下水，风物人情更淳美。两椽茅屋何萧然，即是吾庐靠山起。"这是南宋丞相史浩的《东湖游山》，写的是他东钱湖边的故里——下水村。下水的风光是东钱湖的一部分，于是也就拥有了这万金之湖的灵气和秀美。然而，常常来东钱湖的人一定对下水别有"用心"，因为这里更是"舌尖上的东钱湖"。车行至十里四香，路两侧被各种"土菜馆""农家菜"挤得满满当当，从厨房飘散出来的诱人香味，让人不得不驻足。钱湖四宝、手打麻糍、芋艿、莲子等，每个季节，这里都充满了无与伦比的美妙滋味。酒足饭饱，菜田或鱼塘边上还有各种休闲农场可供尽情玩耍。

TIPS

- 地址：东钱湖镇
- 交通：环城南路—东环南路—环湖北路—下水村
- 热门推荐：需要花上两天一夜好好领略下东钱湖周边的美景，品尝湖鲜。

乡亲乡思 · 民宿客栈

无乡趣，不乡村：宁波乡村旅游攻略

东湾小隐

东湾小隐有两座楼，一新一旧。新的有上百平方米的观景台，头顶青天，面朝翠山。旧的有数十年的历史，保持着建国初期朴实平稳的风格。鹅掌楸下与旧楼相对的藤椅，阳台上随风摇摆的吊兰，观景台里的休闲桌椅……无不体现了其主人对山林的热爱，对闲适的追求。

目前在东湾小隐，除了爬山观星、品尝地道的农家风味之外，还能体验溜索、露营、钓鱼等乐趣，让健身运动不再单一，让锻炼变得丰富多彩。未来这里还能出租皮划艇、山地自行车……真正地让运动与自然结合起来。

夏日的东湾小隐，清晨山翠水清，鸟叫蝉鸣，夜间星空密布，凉风习习，到了冬季，四明山覆上皑皑白雪，银装素裹，妖娆多姿，吸引无数看客冒寒雪赶来。东湾小隐的暖气和温泉恰好在严寒中输送暖意，让来客们得以放心地赏雪，不必来去匆匆；在这里，春秋两季也无须担忧会无趣，一大波花苗正准备在此安家。届时，樱花翠竹，红的红，绿的绿，定会美得叫人目不暇接。

TIPS

- 地址：宁波余姚市大岚镇华山村东湾岗
- 交通：机场高架—S34—荷梁线—细夹线—S33—东湾岗
- 热门推荐：东湾小隐坐落在四明山之中，毗邻四窗岩、李家坑、丹山赤水、四明山森林公园、地质公园等景点，四季皆有美景。而民宿又地处林场，枝繁叶茂的树林是天然氧吧，置身其中就能寄情山水，享受自然之趣。另外可以尝尝这里的甜玉米、白斩鸡、炖鸡汤等农家美食。
- 价格：套房880元（周末价1080元），温泉房/家庭房680元（周末价880元），平台房580元（周末价780元）

集约部落（生态度假山庄） 余姚

集约部落是浙东首家集装箱民宿，投资兴建这个集装箱民宿的企业家陈颖斐，在梨洲街道有一个生产管道产品的外贸工厂，跟集装箱已打了10多年的交道。受到了国外把集装箱搭建成风格各异、新型时尚建筑理念的启发，从2014年10月开始，他也在自己的家乡梁弄四明湖畔，用70多个废旧海运集装箱搭建了一个特色时尚的民宿。

整个民宿占地面积约6亩，总投资1000余万元，共有4组民宿建筑群，有世界不同风情主题的客房46间，包括具有余姚本土特色的梁弄土居、四明山居和具有世界不同风情的山洞人家、夏威夷风情房、浪漫樱花房等，还有小朋友喜欢的海底世界、浩瀚星空、迪士尼城堡、冰雪奇缘等。

在2016年底的开业典礼上，集约部落还承诺：从该民宿成立这一天开始，每预订出一个房间都将会抽出1%的利润捐赠到"贫困山区专项爱心助学基金"，资助山区贫困学生，并将举行和积极参与其他"爱心慈善活动"，不断自我提升，承担社会责任。

TIPS

- 地址：宁波余姚市梁弄镇如意路161号

- 交通：环城西路—S59—S33——余梁线—如意路→集约部落

- 热门推荐：民宿的北边便是烟波浩渺的四明湖，每到秋季，湖北岸的水杉林、东岸的芦苇荡，都是摄影师不容错过的人间至美。有"浙东第二藏书楼"之称的五桂楼位于梁弄老街，而来到梁弄，记得一定要吃上一口梁弄大糕。

- 价格：根据房间主题价格不同，有288元、368元、398元三个价位。周五、周六每间加价100元

- 温馨提示：民宿内设有棋牌室，收费标准是晚饭过后到晚上12点之前为120元/场，过了晚上12点每小时加收20元，白天为100元/场。

无乡趣，不乡村：宁波乡村旅游攻略

老柿林山居

沿着盘山公路一路驶往老柿林山居的路上，深深浅浅的绿意会在眼前铺展开来，人还未到，心就足够放松、平和。老柿林山居就在丹山赤水景区里，精致的原木小屋、宽阔的山居草坪、秀美的山水风光、曲径通幽的小石子路相映成趣。秋天，柿树上火红的果子就成了满山的亮点。

老柿林山居目前由丹湫谷、樵苏园、咖啡吧、青年旅社和酒吧组成，丹湫谷和樵苏园都是木屋式客房，丹湫谷主要接待散客，樵苏园的9个房间共同出租，以接待团体游客为主。丹山赤水景区本就是一片宝地，而老柿林山居这一点一滴的累积，把这里的美好拉得更长。

夏夜，是老柿林山居最美妙的时刻，多数人是避暑来的，山居精神的精髓也正是体现在此时。白天的暑气散去，傍晚时分，你可以肆意地往山林里散步游荡。可能会遇见操着古韵绵长本地口音的农夫，正扛着锄头、提着一篮山土野味赶回家。如果渴望那篮子里的野味，晚餐就可以选择在一旁柿林村的农家乐进行，山间淳朴的菜肴正在餐桌上召唤着你。来山里，当然要一野到底。

TIPS

● 地址：宁波余姚市大岚镇柿林村丹山赤水景区内

● 交通：机场高架—S34—荷梁线—李俞线—S33—老柿林山居

● 热门推荐：老柿林山居的各处木屋、客栈均藏匿在丹山赤水景区的角角落落，可寻一条山间古道慢慢游览。风雅之人可去梦溪草堂；为道教二十九洞天慕名而来的人，可前往四明道观；玩累了就去老柿林咖啡馆捧一杯香茗或现磨咖啡，度过一个悠哉的午后。还有位于柿林村中央的老柿林酒坊，闲来路过可坐来三碗酒。

● 价格：丹湫谷：非周末480元/间，周末680元/间，节假日880元/间

　　　　樵苏园：非周末4800元/院落，周末6800元/院落，节假日8800元/院落

　　　　山沁居：非周末3800元/栋，周末4800元/栋，节假日5800元/栋

　　　　丹山居：非周末1800元/栋，周末2800元/栋，节假日3800元/栋

　　　　望溪楼：非周末280元/间，周末380元/间，节假日480元/间

　　　　露营基地：4人间，80元/床位

● 温馨提示：每逢春夏之交，四明道观附近的山间小径，长满了覆盆子，可以去寻觅一番。到了秋天10月底，则是采摘柿子的好时节。

姚江源乡村客栈

余姚

位于四明山腹地，处于姚江源头，与翰墨飘香的四明山书画院遥相呼应。姚江源乡村客栈白墙黛瓦，庭院深深，将旖旎的江南模样精细雕刻。客栈墙壁上的绘画都来自于中国美术学院的精心设计，绘画的设计取代了高污染的装修，使客栈与大山的气息自然结合。房间里水泥地面透着原始浑厚的气息，房间的隔断采用自然的竹子，环保且美观，为房间的质雅气清增色不少。

秋意浓时，枫树红了，柿子挂起来了，游客也多起来了，占地2000平方米的客栈，极大地满足了团队入住的需要。42个住宿房间里有37个标间，以及受年轻人青睐的5间青年旅社，都采用简约而不简单的理念设计，将原始色调与乡村气息融合在一起。银杏树将金黄的诗意铺满了大地，驴友们来到了山水灵秀的四明，青年旅社（一间屋子有2张上下铺，可以容纳4人）的温馨设计为他们创造了舒适如家的氛围。姚江源乡村客栈与其他酒店自然不同，这里不会让你感受到冰冷的气息，随处可见自然美景，饕餮的美景盛宴不会辜负你特地来住一遭。

TIPS

- 地址：宁波余姚市大岚镇丹山路2号

- 交通：机场高架—S34—荷梁线—S33—丹山路—姚江源乡村客栈

- 热门推荐：大岚镇以"中国高山云雾茶之乡"而闻名遐迩，每年都会举办"神奇大岚"茶文化旅游节。除了感受茶文化，还可以游览丹山赤水、柿林古村、四明山书画院、第九洞天，全面领略大岚风情。

- 价格：雅致双人房328元/间，院景双人房388元/间，青年旅社328元/间

- 温馨提示：客栈内，专门设有自行车停靠场站，方便自行车爱好者上山住宿。

无乡趣，不乡村：宁波乡村旅游攻略

香泉湾民宿

香泉湾坐落在四明山北麓，是一个集"休闲养生、观光旅游、会务度假"于一体的特色度假区，是目前浙东地区新兴的养生旅游目的地。度假区大门口上面金光闪闪的"香泉湾"三个字由著名的余姚籍散文家、文化学者、艺术理论家、文化史学家余秋雨题写。

别具诗韵的香泉湾景观，风格各异的山庄别墅和会议中心，独一无二的山洞酒吧和山洞禅修室，神仙享用的仙草石斛和令人垂涎欲滴的山野特色美味等是山庄的特色项目。至今已研制出的香泉湾特色菜有：鲜榨铁皮石斛汁、铁皮石斛花茶、石斛炖乌骨鸡、牛奶树炖仔排、金蝉花老鸭煲、黄精党参竹山鸡等。

客房各有特色，有标准双人房和山溪单人房，可供会议、培训和旅游团队使用。有花园式家庭单套和双套，有顶级山景双套以及日式套房可供朋友、家庭聚会。房间式样多种，客人可根据自己的兴趣自由选择。目前，香泉湾还有供游客游玩的大型室内真人CS和洞窟夺宝项目，新建的户外拓展培训基地，是广大企事业单位打造优秀团队的理想选择。

TIPS

- 地址：宁波余姚市鹿亭香泉湾路1号
- 交通：柳汀街—联丰路—望童线—荷深线—香泉湾度假山庄
- 热门推荐：香泉湾度假区离浙东红色古镇梁弄20分钟车程，离4A级景区丹山赤水风景区30分钟车程。周边还有可看日出的白鹿观景台，中国传统古村落——中村古村，浙东新四军后方医院，云河漂流等景点。
- 价格：豪华翠庭单套439元/套（周末价579元/套），豪华翠庭双套599元/套（周末价799元/套）
- 温馨提示：套间客房内配有冰箱和电磁炉，可以自己带食材来做饭。

九龙湾乡村庄园　余姚

　　九龙湾乡村庄园坐落在余姚梁辉水库周边,是宁波首批五叶级特色民宿,还获得过浙江省五星级乡村旅游景点等荣誉,被称为"中国第一乡村民宿"。庄园四周被山岚迷蒙的竹海环抱,显得宁静。整个民宿的风格是按照丽江风情打造的,还融入了欧式古典、余姚河姆渡等建筑风格,装修用的木头、洗脸池等都是从丽江运过来的。

　　打开木栅小门上楼,你会发现这些丽江风格的客房名字也非常有特色。书记家、妇女主任家、副书记家、村民家等,均是大床房。每个房间都是不一样的设计,但有一个共同点,就是都没有电视机之类的现代设施。入住这样的复古客房,时间仿佛倒回了好几十年,能让人沉下心来,感受久违的那份恬静。

　　庄园内有餐厅小院,可以订餐,也可点餐。如果你想开个烧烤趴,也有烧烤炉。还有生态农庄、棋牌室、KTV,在这里你永远不会无聊。

TIPS

- 地址:宁波余姚市南庙村水磨潭路888号
- 交通:永丰路—通途西路—S59—S33—余姚九龙湾乡村庄园
- 热门推荐:庄园提供的蔬菜水果和鱼肉都是周边的农民种植或饲养的,餐厅旁边的农家小院还邀请余姚本地的农户阿姨烧制土菜,想要体验正宗农家菜,就一定不能错过!
- 价格:680元/间

无乡趣，不乡村：宁波乡村旅游攻略

兰屿休闲农庄

兰屿休闲农庄位于千年古村方家河头村，在国家级登山游步道夹岙岭下，于慈溪南部沿山旅游精品线边上，交通便利。东面与达蓬山景区相连，农庄对面的三条古道直通九龙湖和慈城两地，可谓是占了天时、地利、人和的得天独厚的优势，充满传奇的历史人文故事。

兰屿，因是河头古村的别名而具有特别的意义。兰屿休闲农庄是随着方家河头古村的保护开发应运而生的。最早兰屿只做农家菜，名声响了以后，精明能干的老板又辟出一块地做起了民宿。白瓦红墙的仿古建筑，配有一个不小的花园，可在其中烧烤聚会，不远处有个果园可以采摘瓜果。

毕竟是做农家菜起家，一进兰屿的餐厅，就让人眼前一亮，各类海鲜一应俱全，明码标价，非常公道。家门口龙山滩涂生产的黄泥螺、海瓜子、跳鱼等更是吸引了大批食客，还有从上海慕名而来的客人。如果想住宿美食两不误，周末便可来这里体验农家乐趣。

> **TIPS**
>
> - 地址：宁波慈溪市龙山镇方家河头村
>
> - 交通：环城北路—北环东路—长邱线—徐福路—横筋线—灵泛南路—兰屿休闲农庄
>
> - 热门推荐：河头村的古道久负盛名，有兰屿古道、仙霞岭古道、夹岙岭古道，统称为桃花岭古道。如今河头村古道是整个健身步道东部环线的核心，被慈溪市评为"宁波市十大茶马古道之一"，2013年还被国家体育局登山协会授予"国家登山健身步道示范工程"称号。
>
> - 价格：单间平日价168元/间，周五、周六198元/间；标间平日价218元/间，周五、周六228元/间；6月中旬开始的慈溪杨梅节期间，房价会有所上涨。

乡亲乡思 · 民宿客栈

银号客栈

　　"银号客栈"位于鸣鹤古镇的深处，为沈氏大屋改建，位于银号弄，清代双层多进院落，气势宏伟。据传沈氏先人曾在北京开银楼，积财后捐官，故可在此建五马山墙大屋。老宅建筑面积经修缮已达3000多平方米，屋共三进，每进五间，呈狭长形。在沈氏旧宅堂内，还张贴着清光绪庚辰年（1880年）沈祖梁高中秀才的捷报，而其余的七张均破损严重无法修复，这唯一保留下来的一张，也成了沈氏大宅曾经辉煌的见证。

　　"银号"的掌柜是土生土长的慈溪人，从美院毕业后，回到家乡，选择了"银号"作为自己的筑梦地。客栈中的红木家具大多都是来自掌柜自己的收藏，墙上的泼墨字画也都出自掌柜的朋友之手。小到热水瓶外的竹编套，大到院中的石凳水缸，客栈的每一处细节都饱含了掌柜细腻的心思，将归属感带给了每一个在银号入住的客人。

TIPS

- 地址：宁波慈溪市鸣鹤古镇银号弄1号
- 交通：北环高架—慈城连接线—三皇线—罗鸣线—鸣兴西路—银号客栈
- 热门推荐：客栈所在的鸣鹤古镇从唐朝至今经历了1200多年，有"宁波土楼"之称的"廿四间走马楼"也在此处。如果你听过越窑青瓷的美名，不妨去亲眼见识一下上林湖畔青瓷遍野的景象，这片千年碎瓷还被国际陶瓷学术界誉为"举世罕见的露天青瓷博物馆"。
- 价格：单间399~1299元不等
- 温馨提示：客栈晚上9:00之后会关大门，如需晚到要与负责人联系。

无乡趣，不乡村：宁波乡村旅游攻略

枕湖人家客栈

枕湖人家是鸣鹤古镇内地理位置得天独厚的民宿。客栈在白洋湖畔，位于金仙寺旁、古镇入口之处，开门可见青山、绿水、古寺、戏台，进院细品老屋、庭院、古家具，亭台楼阁、小桥水榭，入眼皆景，散露着浓浓的江南韵味。

枕湖人家内部偏于老式民宅风格，套房中的中式雕花大床是主人的骄傲，也是他们与古镇其他客栈最大的不同。当年的雕花拔步床，上面还要放钟、花瓶、镜箱、茶具、灯台，右边要放马桶箱一只。左半部才是卧床本体，有雕花门罩、垂带、遮枕，床三面围有扩装式的雕刻及彩绘屏风。住在山景大床房里，面向茶园与山林，每日沐浴晨霭暮烟，清新如画。清晨醒来，在这个隐匿在鸣鹤古镇的古朴建筑里，闻着树林里弥漫的新鲜空气，还有花草与茶园的幽香。恍然间，有一种穿越时空的奇异感觉。

悠然徘徊在鹤鸣古镇中，细细品味着旧时时光，在枕湖人家吃上一两道正宗地道的本地菜，再住上一两晚，独享这一刻枕湖人家的美妙时光。

TIPS

- 地址：宁波慈溪市鸣鹤古镇湖滨休闲广场（近金仙寺）

- 交通：北环高架—慈城连接线—三皇线—罗鸣线—鸣兴西路—枕湖人家客栈

- 热门推荐：鸣鹤古镇的文物古迹较多。五磊讲寺已有1700多年历史，唐文德年间初具寺院规模，北宋大中祥符初年（1008年）由真宗敕赐"五磊普济"寺额。留有名僧、法师墓及印度梵僧那罗延墓塔、谛闲大师墓。

- 价格：200~400元/间，周末、节假日价格会有浮动

- 温馨提示：客栈门外的广场每天会有当地曲艺表演，感兴趣的游客可询问客栈掌柜具体时间。

心沐·蓝莲

　　心沐·蓝莲民宿位于达蓬山下，窖湖畔，达蓬山乐园右侧。这是一幢三层的楼房，青砖墙体镶嵌黄条纹，颇有民国风味。推开大厅的门，蓝莲元素扑面而来，茶室的墙画是蓝莲，书橱的中央也是蓝莲，蓝莲元素在民宿内无处不在。前台、大堂、茶室、咖啡厅、餐厅，处处装点着鲜花，让人在屋内也时时被清新的花香萦绕。

　　心沐·蓝莲的每一间房间也设计得别有特色，各自成一派风格。打开房门的同时，门口的灯会自动亮起来，窗帘也会自动打开。房间的智能设置还不止于此，如何通过调节房间的灯光亮度来调节气氛；设置睡眠模式可自动关闭窗帘和灯光；贴心的夜起模式会在一人下床时自动点亮卫生间的灯……一切都是那么酷。

　　靠湖的房间外，拥有一片无敌湖景。美式风情房透着低调而优雅的气质，山景房内榻榻米、蒲草垫、青瓷茶器，一应俱全，亲子房的布置则有体现出童趣满满的各种小细节……心沐·蓝莲似乎有一种魔力，让每一位入住的客人都想在这里多停留一段时间，哪怕只是站在露天观景台上放空望远。

TIPS

- **地址：** 宁波慈溪市龙山镇徐福村达蓬山旅游度假区

- **交通：** 环城北路—北环东路—杭沈线—镇东南路—徐福路—达蓬公路—心沐·蓝莲

- **热门推荐：** 心沐·蓝莲紧临窖湖和达蓬山旅游度假区，这里可以称为慈溪人的后花园。这里没有都市的喧嚣，只有从湖边"80天环游地球"主题乐园不时传来的阵阵欢笑，更多的是质朴的乡村生活场景。

- **价格：** 山景房平日价368元/间，周末价428元/间；湖景房平日价428元/间，周末价488元/间；亲子房平日价488元/间，周末价558元/间

- **温馨提示：** 民宿门口贴心地备有双人自行车，正好适合环湖骑行。

无乡趣，不乡村：宁波乡村旅游攻略

兰墅山庄

方家河头村，是慈溪市唯一保存完整的千年历史文化古村落，也是国内方姓第一大村。古宅、古树、古溪、古井、古道是方家河头村的五大古元素特色。兰墅就坐落其中，坐拥方家河头村的美景美色。

兰墅院外古树相伴，500多岁的鸳鸯樟枝叶正茂，民间有云：鸳鸯樟下到一到，相敬如宾同到老；鸳鸯樟下走一走，夫妻恩爱到白头。到了农历八月时节，已有二三百年之寿的金桂树就会让整个古村弥漫着扑鼻的桂花香，令人心旷神怡。而兰墅院内，也是一派山水相融的自然景象，假山佛像、鱼跃清泉、睡莲碧池，像是一座设计精美的私家园林。

烧烤、钓鱼、摘橘子、采草莓、摘马兰……这些农趣活动都能在兰墅见到。此外，兰墅还配有可容纳40多人的多功能厅，可以开会或是进行KTV等娱乐活动，适合小型企业来举办年会。

TIPS

- 地址：宁波慈溪市龙山镇方家河头村兰屿路15-16号

- 交通：环城北路—北环东路—长邱线—徐福路—横筋线—灵泛南路—兰墅民宿

- 热门推荐：方家河头村因方氏始祖章云徙迁于此后，子孙繁衍，声名鹊起，方姓成了河头大族。河头古村的方井、池塘、水沟弄、小溪构成了一个江南古村落。如今，方家河头村的周末和假日非常热闹，可以去走走看看。

- 价格：高档大床房688元/间，标准大床房588元/间

上木堂 宁海

　　上木堂就位于前童古镇的中心，是一家由历史民居改造而成的精品民宿，融前童古镇几百年的岁月沉淀和现代住宅的舒适为一体，为客人带来乐、趣、雅的居住体验。

　　来到上木堂，首先映入眼帘的是普陀山道生大师题的三个字：上木堂。木是象形字，甲骨文里的原形就是树，希望它"先在土里发展根基，再向上生长成大树"，以最简单直接的方式传递生活的理念。上木堂的院子约300平方米，设立了书苑、中堂厅、禅意吧、茶室、上木庭院和七个主题客房，分别以雪松、银杏、合欢、木棉、香樟、梧桐、白杨来命名。

　　落雨时，在上木堂二楼泡壶茶倚窗听雨，在茶香中闲闲散散地将一整个下午耗完。会客室的阳光正好，约上几位好友喝着茶闲聊，黄昏时去古镇里走走，看整个村子一点一点沉寂下去。环绕于屋前屋后的溪水，涓涓而流，青砖石瓦的高墙上，红灯笼映入水中，影影绰绰。

TIPS

- 地址：宁波市宁海县前童古镇教育路5号

- 交通：甬台温高速—沈海高速—宁海南互通—S34—城岭线—上木堂民宿

- 热门推荐：浙东大峡谷距离前童古镇不远，进入这片原始森林，外面世界的烦扰就被隔绝了。峡谷内有两条徒步溯溪的线路：清水溪线路可以走景区内游步道，过平坑露营地，沿小路下到峡谷；走混水溪线路则从宁海下坑村开始徒步，中途可以露营在溪边石滩上。

- 价格：628~828元不等

无乡趣，不乡村：宁波乡村旅游攻略

前童驿事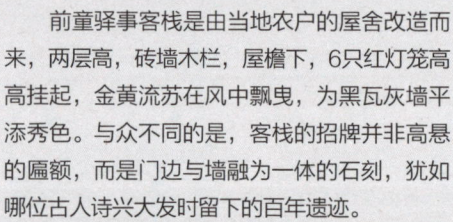

前童驿事客栈是由当地农户的屋舍改造而来，两层高，砖墙木栏，屋檐下，6只红灯笼高高挂起，金黄流苏在风中飘曳，为黑瓦灰墙平添秀色。与众不同的是，客栈的招牌并非高悬的匾额，而是门边与墙融为一体的石刻，犹如哪位古人诗兴大发时留下的百年遗迹。

驿栈坐落在前童古镇中心，入大堂，墙上书画垂挂，恍惚间进了古时书香之家。拾木阶而上，贴墙放着几盆多肉植物，至二楼，四盆花边吊兰一字排开，与阶梯口花架上的兰花交相辉映，估摸有个喜欢摆弄花草的"老爷"。二楼最引人注目的便是古式陈列柜。西藏的石头，贵州苗寨的锡壶……来自五湖四海的陈设安静而和谐地摆放于一处，展现着不同地方的民俗文化传奇，仿佛来自五湖四海的宾客因缘际会，一边煮茶品茗，一边高谈阔论，其乐融融。

客栈一共有4种房型6间房，大床房、双标房、单床房和家庭房，适应不同需要。客栈主人大有孟尝君遗风，房内用具比照家中布置，考虑细致，也是样样价值不菲。

TIPS

● **地址**：宁波市宁海县前童古镇双桥街与石镜山路交汇处

● **交通**：甬台温高速—沈海高速—宁海南互通—S34—城岭线—前童驿事客栈

● **热门推荐**：前童古镇是江南明清时期的居民区原版，始建于宋末，盛于明清，至今保存有1300多间各式古建民居。前童的江南风情不仅在老街、职思其居、童氏宗祠，还有巷弄里飘散出来的老味道：前童三宝（老豆腐、空心豆腐、香干）、汤包、麦糊头、麦饼等。

● **价格**：街景大床房628元/间，标间、亲子房、单人房368元/间

书院阁

书院阁是在原有的清朝四合院的基础上改造而成的,古代木质结构风,现代化设施也一应俱全。

进入房间,映入眼帘的都是古色古香的木头屋顶、墙、地板,像回到了古代。最有特色的是一张千工床,这张古床是老板娘的嫁妆。小小的书院阁仅有4个房间,楼下两间装修的更为古朴些,床都是老板母亲当年的嫁妆。在这个时代,已经很难见到这样复古精致的千工床,更别说睡上一晚。躺在这样的床上,听屋外雨声打在瓦片上,远离喧嚣,宁静而安详。第二天一早从鸡叫声中醒来,恍惚中竟想不起今夕何夕,推开窗户不禁感慨,这才是江南该有的样子!

整间民宿并不大,乍看以为是一家装修古朴的民宅。有人说,住在这里找到了童年的感觉。夜幕降临之时,踩着嘎吱作响的木质台阶上楼,可早早进入梦乡。

TIPS

- 地址:宁波市宁海县前童古镇正大门入口旁
- 交通:甬台温高速—沈海高速—宁海南互通—34省道—城岭线—书院阁
- 热门推荐:前童是个五匠之乡,尤其以木匠和雕刻为代表。北京故宫博物馆收藏的一顶花轿和一张木雕嵌镶床皆出自前童。前童家家户户,几乎都保存着清代和民国时期的雕花床、八仙桌、红橱、篾丝箱等精致家具。
- 价格:三人房368元/间,老床房638元/间

好义堂

好义堂位于宁海前童古镇景区,既是景点,也是客栈。一进门,就可看见大堂门口悬挂着当年祖上将此屋作为戒烟所出借于民国政府时任县长所题的"急公好义"牌匾。好义堂的院子是典型的民国民居风格,根据原有的清朝四合院结构改造而成的仿古主题。房间分为礼、孝、忠、廉、礼、节、好等景观套房,有些房间还配备了鎏金雕花的架子床。

好义堂客栈同时还配有对外营业的餐厅,吃住一条龙。早晨醒来,省去了到古镇寻觅早餐的烦恼,客栈餐厅现做的卷饼、糕点、豆浆、稀饭,绝对惊艳你的味蕾。关键是在这里你可以吃到饱,哪样好吃就再来一份,不用客气。别忘了一定要尝尝餐厅的特色菜——红糖馒头,堪称一绝。

TIPS

- 地址:宁波市宁海县前童古镇景区内联合村135号
- 交通:甬台温高速—沈海高速—宁海南互通—S34—城岭线—好义堂
- 热门推荐:在民国时期,好义堂的宅主童宏曹曾办戒烟所,出钱供放收养染上鸦片毒瘾的百姓来戒毒,名声远扬,是以好义堂又被称为"戒毒所"。到了民国二十二年(1933年),当时的县长李涵夫为表彰童宏曹济世为民的好义精神,特亲笔题赠"急公好义"匾额,悬挂于宅子的正厅上,好义堂的名称自此而来。
- 价格:100~600多元不等
- 温馨提示:和民宿的名字一样,老板非常仗义,会接待客人进古镇,免除古镇门票。

无乡趣，不乡村：宁波乡村旅游攻略

花桥游居 宁海

只要到过前童古镇的人，不管有没有入住，都会对这座小院印象深刻。主人希望来前童古镇游玩的人们能有一个停下来休息的地方，便以"花桥游居"为这座民宿命名。房间内，木质墙壁、壁画、小石窗以及花花绿绿的床单，恍若回到过去。

客栈的位置很好，距离景区入口近。从外面看整个房子很漂亮，尤其是晚上挂起了红灯笼，绿水绕门，红灯照户，特别有感觉。循着木把手的楼梯拾级而上，是一条散发着古木香气的小廊，左右是风格各异的客房。"浪漫情趣""书香四溢""如家温馨""沧桑气息"，连名字都取得那么浓情蜜意，那么优雅温柔。房间四处点缀着的小饰品无不刻着主人的生活品位。据说客栈老板娘的厨艺很好，家常菜信手拈来，味道很赞，绝对会给你留下难忘的旅行回忆。

> **TIPS**
>
> ● 地址：宁波市宁海县前童古镇花桥街41号（近前童小学）
>
> ● 交通：甬台温高速—沈海高速—宁海南互通—S34—城岭线—花桥游居
>
> ● 热门推荐：宁波籍油画大师、导演陈逸飞，就是在前童古镇，竭尽全力完成了从少年到中年的自传体电影《理发师》。至今在古镇里还能看到电影中的细枝末节。
>
> ● 价格：100~400多元不等

前童镜舍

前童古镇,"家家有雕梁,户户有活水",古镇周围群山环绕,白溪水从村前流过,村内街巷纹理清晰,路面用卵石铺就,街边流淌着淙淙的溪水。开在这里的众多民宿客栈也多是延续了古镇的明清风格,在这之中,忽见一座欧式农舍,那便是前童镜舍。

民宿依山傍水而建,给人一种温馨舒适的浪漫情怀。走进房内,你会发现这里奢华之中带着温馨,超高的大厅挑高,配套设施齐全,配有个性的亲子房以及棋牌室等休闲娱乐设施。主人说:"曾阅古人言,邀我至田家,把酒话桑麻。家宅闲置已久,家人甚为可惜,于是齐聚全家之意,决定开一间民宿,一来打发闲暇时光,二来广交各地朋友,共享放松的慢时光。"镜舍的名字就是石镜山下农舍的简称,主人家翘首以盼,只为与友人相遇,不话夕阳话桑麻。

TIPS

- 地址:宁波市宁海县前童古镇联合村8号(前童中心小学对面)

- 交通:甬台温高速—沈海高速—宁海南互通—S34—城岭线—前童镜舍

- 热门推荐:从前童镜舍出门往古镇方向走,不多远便是鹿山,爬上山顶可以俯瞰整个古镇,换个角度看古镇,也是一种特别的体验。

- 价格:200~300元不等

无乡趣，不乡村：宁波乡村旅游攻略

南与舍（南山驿）

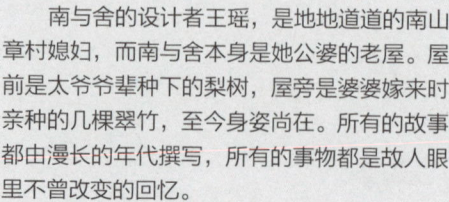

　　南与舍的设计者王瑶，是地地道道的南山章村媳妇，而南与舍本身是她公婆的老屋。屋前是太爷爷辈种下的梨树，屋旁是婆婆嫁来时亲种的几棵翠竹，至今身姿尚在。所有的故事都由漫长的年代撰写，所有的事物都是故人眼里不曾改变的回忆。

　　南与舍的底调是古韵，另有清新、洒脱，充满了吟唱般的文艺感。大堂放置了整张圆木桌案，英国原装的真火壁炉可以在深冬时节提供温暖；古朴的茶室陈列了王瑶娘家自产的黄杨木雕大师作品，有婆婆多年的艺术收藏，还有在其他国家游历时淘来的有趣小玩意。二楼的独立房间走简约的原木风，每一间都在细节处理上有着自己的特色，连楼梯下都特地放进了一个可爱的"一人居室"，小而齐全，很适合独自出行的背包客。

　　隔了一条山道的下方，便是吧台、餐厅和一个小小的日式庭院。透过落地窗仰望漫天繁星，在开阔的阳台上喝着啤酒、吹着山风，吃着女主人亲手做的宁海传统面食，身在南与舍是一定要自在悠闲、只管享受的。

TIPS

- 地址：宁波市宁海县桑洲镇南山章村80—81号
- 交通：甬台温高速—沈海高速—S214—422乡道—南山章村—南与舍
- 热门推荐：出了名的夏家古树群也在桑洲镇，古树群多分布在村子背后的小山坡。9株800年以上的红豆杉、沙朴、枫树、香樟，7株500年以上的枫树、望春花等都已列入国家林业部门的一级保护名单。古树的繁荫与竹林、青山、绿水相映成趣，构成了一幅绝妙的野趣图。
- 价格：非周末398元/间，周末、节假日498元/间

拾贰忆
南溪温泉精品民宿

2017年3月底才开业的拾贰忆·南溪温泉山居的主人是3名在上海、杭州打拼的宁海优秀青年，他们渴望回归山水间的简单生活，并将宁海优质旅游资源向朋友们推荐，所以联合上海的一名资深媒体人，建造了这处一户一院一泡池的温泉精品民宿。而宁海温泉的水质在全国名列前茅，热矿水水温46.0℃~47.5℃，为偏硅酸氟热矿水，为浙江省已命名的最高等级温泉资源AAAA等级，这也为民宿提供了得天独厚的自然资源。

民宿由中国美院的著名空间设计师蒋建宇操刀设计，大量运用了宁海本地特色的竹元素，保留了老房子的青苔黑瓦，将原先破败的山间小屋改造成了充满禅意的山间休闲度假胜地。民宿占地16亩，拥有接待草堂1间、餐厅1间及客房10间。在草堂可一边遨游书海一边自行享用茶艺及手冲咖啡，餐厅里可享用宁海本地特色美食，同时也提供咖啡及各类美酒，每户客房都拥有独立的院子，院子里有露天温泉泡池及休息阳光房，可以让你得到身心的充分放松和休息。

TIPS

- 地址：宁波市宁海县深甽镇南溪温泉景区入口处

- 交通：甬台温高速—沈海高速—宁海北互通—甬临线—S38—宁海南溪温泉景区

- 热门推荐：泡温泉放松了身体之后，记得犒劳犒劳你的胃，民宿提供宁海本地美食，鲳鱼年糕、麦虾汤、铁板蛏子等，美味又补元气。

- 价格：根据房型不同有1080元、1380元、1680元、1980元四个价位

- 温馨提示：民宿提供自行车租赁服务，可以选择骑行游览森林公园。

无乡趣，不乡村：宁波乡村旅游攻略

沙塘静湾

"人家住在潮烟里，万里涛声到枕边。"这不再是诗中的描写，而是住在石浦沙塘静湾民宿的日常生活。海景、海鲜、卵石滩，沙塘静湾如同一颗明珠闪耀着象山这个花园半岛。一湾海港泊心，一家民宿栖身，静看潮起潮落。

沙塘静湾的老板是在海上度过了四十多年的老渔民，因擅长捕捞带鱼，早年人称"带鱼王子"，前几年不打鱼了才把自家老房子改装了下用来经营民宿。老板人很热情，经常讲他在海上的奇闻异事，还会告诉你捕鱼要领，甚至连石浦渔船及捕鱼方式的演变他都一清二楚。

民宿面朝大海，依山而建，共有房间23个，每间都很大，但却处处一尘不染。一楼提供休闲咖啡区域，既可听海浪，亦可闻海风，可体味悠闲与放空的时光；二楼汇集地中海、简欧、中式、工业风等8种风格的房间，可领略不同的住宿感受。

TIPS

● 地址：宁波市象山县石浦镇沙塘湾村59-60号

● 交通：甬台温高速—宁波绕城高速—S19—沿海南线—沙塘湾隧道—沙塘静湾

● 热门推荐：沙塘静湾村位于石浦镇北3.2千米处，因大多土著居民从闽南迁移而来，故有"石浦福建村"之称，亚洲飞人柯受良就出生于此。

● 价格：468~568元不等，独栋价8800元

那山那海 象山

前临蟹钳渡，背靠森林公园，在山的那边、海的那边是一家质朴的家庭式民宿，充满了生活的气息。在这里，你不仅可以品尝到原生态小渔村盛产的新鲜小海鲜，还可尽享周边群山果林的四季鲜果。民宿拥有12个不同主题的房间，可容纳26名旅客同时入住，餐厅可供40人同时用餐。民宿内有用捕鱼篮做的大吊灯，用树木枝做的小摆件等民俗工艺品，还有木桌木椅的装饰。

晚上吃过饭，趁着天还没有全暗下来，可以去村里散步，感受闲适的乡村生活。小路上偶尔能遇到村民背着竹椅去听戏，也可以跟着一同前往领略一番难得体验到的乡村夜生活。再晚一些，整个村庄都安静下来，稻田里的蛙声此起彼伏，隐约还能闻到空气里弥漫的泥土的芬芳。

宁波民宿有很多比那山那海来的华丽，也比那山那海更有设计感，但是你很少能找到一个地方，让你真正有回到了农村的家的感觉，让你真正能找回遗失已久的童真。

TIPS

- 地址：宁波市象山县茅洋乡文山村7号

- 交通：甬台温高速—宁波绕城高速—S19—S215—文山村—那山那海

- 热门推荐：从茅洋乡驱车25分钟便可到达松兰山旅游度假区，欣赏山海结合的诗画美景。循着海岸线，既可下海看山、玩水，又可登山观海、听潮，展开一段独一无二的"山海经"之旅。

- 价格：根据房型不同有338元、358元、368元、388元四个价位

无乡趣，不乡村：宁波乡村旅游攻略

青籁度假别墅

青籁的主人籁籁在上海从事旅游业工作，积累的圈内资源带来了超高预订量。甚至有客人从贵州坐飞机至宁波，再驱车两三个小时前来，而从上海、常州、杭州、宁波等地过来，最少也要2.5个小时，而这也证明了现代人对于度假的极度渴望，哪怕路途遥远也依旧买账。

青籁原是籁籁长大的老宅，以"家"的定义去设计，打造了一幢给客人的度假空间，也是籁籁的家人居住的家。别墅共有11间房，每一间的主题都不尽相同，但都逃离不了"海洋"的元素。无论是墙上的帆船壁画、天花板上的贝壳灯，还是梦幻的纱帘、阳台的躺椅，这些美好小物聚集在一起打造了一个属于你心目中最美的度假屋雏形。

青籁受欢迎还有一个很大的原因，应该是传说中籁籁妈妈的做饭手艺。在青籁的一日三餐，都由籁妈妈掌勺，每天从镇上采购最新鲜的食材，用象山人传统的烹饪技巧俘获了一群众人的胃。还有她自酿的红曲酒，度数不高却回味无比香浓。

TIPS

- 地址：宁波市象山县鹤浦镇南田岛大文沙村村口
- 交通：甬台温高速—宁波绕城高速—S19—沿海南线—石三线—青籁度假别墅
- 热门推荐：别墅前的水库可以钓鱼，可步行去沙滩玩水，也可乘船前往花岙岛或石浦镇出海捕鱼，品尝海鲜。每年10月、11月还能体验摘橘子。
- 价格：非周末价600元起，周末价800元起，包早中晚三餐100元/人，需预定
- 温馨提示：民宿内有自养鸡鸭可供出售，如果觉得味道不错可以买一两只回家。

宿渔家

宿渔家乡村主题民宿位于象山县石浦镇横路桥村，是石浦第一家以渔文化为主题的渔家风情民宿。竹席、渔网、青石板突显原生态的氛围，尽显渔民质朴的情怀。屋顶悬挂的帆船和鱼的模型，墙壁上各种渔家风俗画，房门口相框里的海景照片……无一不营造着一片温馨的渔村景象。

象山石浦的海鲜远近闻名，尤其是在舟车劳顿之后，饥肠辘辘，哪里抵挡得住一大桌新鲜的海鲜大餐。黄鱼、带鱼、八爪鱼、香螺、钉螺、淡菜、蛏子、蛤蜊、海瓜子等海货，都是渔家人一早亲自采买来以下厨，或清蒸，或盐水，或白灼，用最能保持食材鲜美口感的烹饪方式制成。

虽说民宿的位置并不是石浦最好的，但它胜在高性价比。门口有小河和稻田，自成一派恬淡清新的田园风光。而从海景房的窗口也可以望到漂亮的海港、大海和远处的小岛。再加上新鲜可口的海鲜和热情好客的老板，一定能满足你的度假需求。

> **TIPS**
> - 地址：宁波市象山县石浦镇横路桥村康乐路1号
> - 交通：甬台温高速—宁波绕城高速—S19—沿海南线—宿渔家
> - 热门推荐：同样位于泗洲镇的何婆岭村，是一个悠然、静谧、秀美的园林式村庄。溪坑蜿蜒曲折、绕村静淌，沿溪一侧的溪坑石铺成的沿溪步道古朴无华，既保留了村庄的原有风貌，又增添了一抹天然情趣，把芬芳田野、乡村农居的闲情野趣彰显得淋漓尽致。
> - 价格：200元/间

心灵谷

心灵谷三面环山，面朝大海，举目远眺，海面上呈现连绵起伏的群山和时有过往的船舶，还有蔚蓝的天空中飞翔的白色海鸥，宛如一幅绮丽的画卷。民宿共有27间客房，每间客房都是统一的欧美乡村风格。

夏日里的心灵谷，似一块璞玉，典雅而温润，独放异彩，看惯了世俗的纷争而独守一份恬淡的寂静。柔美的山水、诗意雅致的茶座、兰心蕙质的香樟翠竹，那一湖一山之间，一草一木之间，都透露着无限的恬静和美丽。逢水果成熟时，你可以来这里烧烤、摘果子，也可以搭上帐篷露营，或是漫步在生机盎然的山坡上，呼吸这香樟翠竹间的新鲜空气。

来到心灵谷，坐在诗意的茶座上静静品茗，你便也成了画中最诗意的风景。

> **TIPS**
> - 地址：宁波市象山县黄避岙乡白屿村
> - 交通：甬台温高速—宁波绕城高速—象山北互通—心灵谷
> - 热门推荐：心灵谷里最出名的是烧烤，烧烤吧可同时容纳一千个人进行活动。在夏日的夜晚，围着熊熊燃烧的篝火，吃着喷香的烤肉，谈天说地，好不惬意。
> - 价格：200元起

无乡趣，不乡村：宁波乡村旅游攻略

文麓雅苑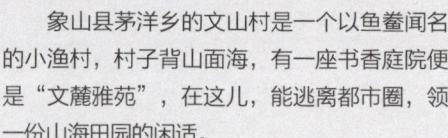

象山县茅洋乡的文山村是一个以鱼鲞闻名的小渔村，村子背山面海，有一座书香庭院便是"文麓雅苑"，在这儿，能逃离都市圈，领一份山海田园的闲适。

文麓雅苑门前是3亩菜地，栽种了20多种蔬菜，自给自足。客人常会夸赞文麓雅苑的蔬果鲜美，主人就会大清早摘下最新鲜的果实打包，等到客人离开时作为礼物让他们带走。除了自家的农作物，到了海边，鲜货自然也不能少，提前知会一声，在饭点时分便能享用一桌象山的新鲜海味。

和它文雅的名字一样，从前厅、走道、到房间，整个民宿都装饰着各类书画墨宝，张张都是真迹，除了象山本地著名书画家的作品，还有象山的非物质文化遗产鱼拓和麦秸画，文麓雅苑就像是一个展厅，展示着象山的渔文化艺术。选择民宿，是因为除了满足离家的食、住要求，还能感受一方的风土，结交朋友，若是觉得房中的摆设，和客人志趣相投，主人也非常愿意以画会友。靠一草一物的点滴积累，文麓雅苑在这个小渔村创造了一个诗情画意的雅致空间。

TIPS

- 地址：宁波市象山县茅洋乡文山村
- 交通：甬台温高速—宁波绕城高速—S19—沿海南线—S215—文麓雅苑
- 热门推荐：从文麓雅苑步行5分钟即可到达蟹钳渡。当年，石浦机帆船走蟹钳渡，每天几百人上下，渡口繁忙热闹，留下了一段辉煌的历史，也留下了一个美丽的传说。相传织锦的七仙女将手中的织梭不慎滑落，恰好落到象山变成一只巨大的梭子蟹伏在泗洲头境内，伸着两只长长的蟹钳。
- 价格：188~588元不等

海岛人家 象山

上到东门岛便能看见"浙江渔业第一村"的牌坊,东门渔村的居民大多以渔业为主,海岛人家的主人杨老大就是这儿土生土长的船老大。

海岛人家的二楼是一块公共区域,在各个角落的装饰中,又能够感受到这位船老大胆大心细的一面,帆船、船舵、救生圈、贝壳……这些充满海味的元素被融入这儿,不妨坐下来泡一壶好茶,听杨老大讲讲海上的故事。住在渔家,海鲜自然不能错过,海岛人家的一楼是用餐区,这里是老板娘的天下。菜大碗大盘,料多量足,无须什么装饰就让人食指大动。此外,老板娘也会根据客人的喜好多增加些海鲜的菜色,鱼虾蟹螺,种类五花八门。长得像大鱼丸的肉包汤谷也是老板娘的拿手菜,香糯多汁,是别处吃不到的。

TIPS

- 地址:宁波市象山县石浦镇东门渔村馋头路

- 交通:甬台温高速—宁波绕城高速—19省道—沿海南线—东门岛路—海岛人家

- 热门推荐:东门岛与石浦镇城区隔港相望,上岛要经过跨港的铜瓦门大桥,这是一处绝佳的观景平台,每年9月象山开渔节,渔船都要从这座大桥下经过,"千舟竞发,驶向大海",场面极为壮观。

- 价格:大床房268元/间,标准房288元/间

堇山居 鄞州

堇山居,于2016年由原童夏家村村委会办公大楼改建而成,全部采用中式建筑风格。内设客房、包厢、会议室、多功能厅、棋牌室、茶室和中庭休闲区,主营住宿、会务接待和私宴定制。其中,有大小会议室各1间,大会议室(多功能厅)可容纳108人左右,小会议室可容纳46人左右。

堇山居所处的雁村,四面环山,一条小溪穿村而过,民居多依山傍水而建,环境清幽,民风纯朴,素有"宁波的香格里拉"之誉。堇山居下设有雁村小洪坑农舍和轩澜果蔬专业合作社,还会定期组织乡村游玩活动。

循着菩提岭健步上山,来到最美的风车公路,两旁开满了故事里的小黄花,云雾来时,好像闯入了仙境。山顶上还有风车观景平台,俯瞰山下,整条公路蜿蜒曲折。花海作陪,风车相伴,风景美不胜收。

TIPS

- 地址:宁波市鄞州区塘溪镇雁村

- 交通:广德湖北路—鄞州大道—甬台温复线高速—S215—横童段—雁村—堇山居

- 热门推荐:顺雁村溪流而下,有上周村、童村、沙村等名人故里。蝶神周尧、著名生物学家童第周、书法泰斗沙孟海、革命家沙文汉、画家沙耆等一批享誉中外的人物皆孕育于此。此外雁村及周边还有菩提岭古道、堇山湖、白岩山风电场、梅岭古村等风光,是一个休闲游玩的好去处。

- 价格:大床房388元/间,商务套房488元/间,总统套房688元/间

无乡趣，不乡村：宁波乡村旅游攻略

芜舍 鄞州

　　芜舍不大，只有1千多平方米，主屋的楼上一间，楼下两间，共三间客房。比邻而居的私密空间，更适合亲朋好友一同享受轻松的度假时光。若不够住，后院还有两间客房。泳池里的水是净化之后的山泉水，不用担心泡久了伤皮肤。在泳池边，还有一座用作娱乐室的小木屋，卡拉OK设备齐全，任何时候都可以高歌一曲。

　　芜舍的很多美食，土豆、玉米、西瓜、毛豆等，都是自产自出。从后门出去，就能看到大片的树林，顺着山路往下，便是田地。说到芜舍的"特产"，让人赞不绝口。西瓜不红，却鲜甜爽口；玉米香糯清甜有嚼头；土豆皮薄，入口即化⋯⋯都是简单的食物，但是贴上了芜舍的标签，就变得不一样起来。

　　到了晚上，若是云淡月隐，漫天的星辰便藏不住了，密布在夜空中，与芜舍的灯光上下辉映。这样的美景，让来了芜舍的人，不管是不是摄影爱好者，都会忍不住拍拍拍。无须角度，不用经验，只要遇到一个好天气，芜舍就能回报一整本的好影集。

TIPS

- 地址：宁波市鄞州区横溪镇梅树湾
- 交通：鄞奉路—天童南路—鄞州大道—鄞横线—梅杨线—横洲线—芜舍
- 热门推荐：鄞州与奉化交界处的白岩山上，有一条最美的风车公路。银白色的巨型风车一座连着一座，伫立在曲折蜿蜒的山冈上。山上的金鸡菊成片盛放，与云海交相呼应，春天的茶岗连绵起伏，飘散着浓郁的茶香。
- 价格：3800元（非周末九折优惠）

鹰龙海畔渔家客栈

　　有一种日出，叫鹰龙海畔日出。有一种海景房，是鹰龙海畔渔家客栈的客房。天未亮，海面依旧是灰白的，海天相接的地方便是象山港大桥，它的轮廓与天、海融为一体，仿佛也在期待着朝阳跃出海面。果然，海面薄雾之中泛起一层淡淡的粉红色，这似有似无、半遮半掩的霞光，如少女般楚楚动人，这便是日出了！

　　酒店坐落于环境幽雅的芦浦村，依山傍海，是目前为数不多的全海景酒店。从酒店望去，侧面就是象山港大桥，从宁波到这里只要25分钟行程。餐厅的座位也均是面朝大海的，你可以一边欣赏海景，一边品尝正宗的象山港海鲜和农家特色菜肴。这些海鲜基本上都是由当地的渔民从象山港海域捕获后直接靠到码头来卸货，隔两天就会有几艘，每次数量都不是很多，所以海鲜都是特别新鲜、特别正宗。

TIPS

- 地址：宁波市鄞州区咸祥镇芦浦村乐家（东方船）
- 交通：甬台温高速—宁波绕城高速—咸祥互通—下横线—鹰龙海畔渔家客栈
- 热门推荐：咸祥镇是鄞州唯一一个拥有16千米海岸线的乡镇，从鹰龙海畔向西北方向开车6分钟可达横山码头，除了可以买到各种最新鲜的海货，绵延的海岸线也即将成为小清新们拍写真的下一个网红地。
- 价格：非周末价360元/间，周末价450元/间

无乡趣，不乡村：宁波乡村旅游攻略

心宿甬江源

行走在甬江源的柏坑村中，你会看到村民们过着日出而作，日落而息的农耕生活。当地农户还传承着原始的劳作方式，保留着原始耕作农具、石磨、水车、旧式竹器、竹具、原始造纸器械，并保持着原生态的自然风貌。6800余亩的山林将凡尘俗世暂时隔离，为人们提供了一方隐居的佳所。五花级特色酒店——心宿甬江源便藏匿其中。除具备专业酒店级别的软、硬件设施外，心宿甬江源还透出精品民宿的人文情怀，将山野的民俗风情，以优雅的形式融入，使心宿甬江源成为当地文化的载体，在人与人，人与环境的互动间，相互感知，彼此熟悉。

民宿共设置了52个精品度假客房，还配有当地天然有机特色菜为主打的阳光水景餐位，和山水景观多功能厅。此外，你在这里还能享受全景观茶空间、半山星空泡池、日光户外天然泳池，更有"冲出亚马孙"专业主题拓展场地，以及落差达108米的"浙东第一漂"——柏坑漂流等。

TIPS

- 地址：宁波市奉化区大堰镇柏坑村

- 交通：机场路—S34—尚界线—大堰镇—心宿甬江源

- 热门推荐：柏坑古村内多是饱经风霜的明清建筑，一座座灰暗破旧的老宅、祠堂与戏台，用一砖一瓦讲述着那些风雨飘摇的岁月传奇。踩着布满青苔的石板路漫步其中，只想在阳光下愣愣地闲坐着看土狗打架，或是到溪边扔根鱼线，边钓鱼边发呆。

- 价格：350元起

廊桥怡梦

廊桥怡梦正对着大堰镇上著名的廊桥，极是应景，它原本是一座闲置的普通民居，后被改造成了如今的欧式浪漫风情民宿，拥有4个风格迥异的房间、4个功能性用房和1个露台。民宿的主人说，一到周末，就会和朋友、家人来大堰，经营民宿的同时，也享受山水带来的美好时光。

因为房型只有4种，正好让每一种房间的特色都特别凸显。大床房温馨浪漫，双床房森意盎然，选择一间高低铺也好，邀来友人共享一室，学生时代彻夜谈天的时光仿佛一下子就回来了。值得注意的是，每年3月底4月初，在大堰油菜花旺季的时候，这里的客房就变得十分紧俏，有时甚至要提前1星期才能订上。

建在廊桥旁的廊桥怡梦，总能让人联想到那部经典的电影《廊桥遗梦》，这里是适合做梦的地方。

TIPS

- 地址：宁波市奉化区大堰镇大溪路廊桥边
- 交通：机场高架—S34—尚界线—大溪路—廊桥怡梦
- 热门推荐：大堰油菜花盛开的时间一般在清明前后，3月底4月初。油菜花田的路边有当地村民自家蒸煮的小吃：茶叶蛋、烤土豆等。中午可以到大堰镇的农家饭店吃几个农家菜，尝尝当地的特色。
- 价格：大床房、标间388元/间，整栋出租2680元

闲听鱼语

大堰镇大堰村地处奉化江上游，依山傍水、山清水秀、人杰地灵，是明代工部尚书王钫和近代著名文学理论家巴人的故里。它犹如一个隐士，正如"暖暖远人村，依依墟里烟。狗吠深巷中，鸡鸣桑树颠"所描述的那般，宁静致远，又充满生活气息。

屋子里的一景一物皆是主人亲手布置，甚至门上的对联，墙上的字画皆由男主人亲自拟定，"汲岩骨水煮新茗笑迎四方佳客，取坪当画屏坐拥八面青山"寄托了主人的生活理想。他们期待每个来到这里的游客都可以在此品新茗、赏美景，享受乡村的生活。而女主人烧的一手好菜，让来过的人都念念不忘。

闲听鱼语并不是在险峻的青山之巅，也不在山水绝胜之处。它结庐在人境，藏身于"暖暖远人村，依依墟里烟"的村落中，如同一个隐士，身居闹市，却淡泊宁静。

TIPS

- 地址：宁波市奉化区大堰镇大溪路（尚书门楼旁）
- 交通：机场高架—S34—尚界线—大溪路—闲听鱼语
- 热门推荐：在大堰，说起王尚书和狮子阊门，妇孺皆知。王钫字子，号印岩，大堰人。明嘉靖二年（1523年）中进士，出任南京工部都水司主事，不久转为刑部郎中，最后任工部尚书，71岁后隐退居家。至今在大堰村，其故居狮子阊门的高大门楼依旧气度轩昂地矗立着。
- 价格：整栋出租1500元

无乡趣，不乡村：宁波乡村旅游攻略

琴海缘 奉化

打开琴海缘的深宅大门，幽深的走廊，泛黄的灯笼，一股清风迎面而来，忽得让人仿佛穿越了一般。这座坐落在大堰镇廊桥边的砖瓦老宅，就是如此充满了浓浓的历史感，厚重的氛围让人不由得想走进里面一探究竟。然而，走进院子，却又是另外一种景象。

若是春季，你可以在院子里拎起一把古老的大木锤子，砸向那一团带着艾香的糯米，待它"变身"成为青麻糍，尝上一口，那股清新的滋味一定会让你对这份来自乡村的淳朴美食念念不忘。若是捶累了，就靠在河边的八仙桌上，喝上一杯热气腾腾的山泉水煮成的茶，旅途的劳累一定一扫而光；或是在户外的太阳伞下，生起火，搭起架子，搬出一箱啤酒，酒和烧烤一起好不快活！再或者你是个文艺青年，那就进到二楼客房，暖暖的灯光下，倚靠在1.8米宽的大床上，房间里的小喇叭悠扬着你最喜欢的古典民乐，小憩会儿也是优雅得不得了。就如这里的老板说的一般："每个房间都有音箱，都能听到琵琶、古筝、阮等古典民乐声，这和深宅大院的环境最为般配。"

TIPS

- 地址：宁波市奉化区大堰镇大溪路廊桥边

- 交通：机场高架—S34—尚界线—大溪路—琴海缘

- 热门推荐：大堰村依山傍水，人杰地灵，它是明代工部尚书王钫和近代著名文学理论家巴人的故里。近几年，村子还被评为宁波市生态村，宿在琴海缘，你会发现整个村子都是景点。

- 价格：标间、大床房428元/间，套房756元/间

花雨醉 奉化

花雨醉，既是民宿的名字，也是民宿中三座别墅的名字，更是民宿三位主人相识时的网名——花舞语、尘雨、追风三少。他们是相识于户外俱乐部的好友，从共同的户外运动爱好到"花雨醉"民宿的建成，他们是彼此想要共度一生的朋友。花、雨、醉三栋别墅，分别按照三个主人不同的喜好装饰而成，各不相同，却又紧密相连。

花雨醉由一栋主楼和三栋乡墅组成，在主楼明净的落地窗旁小憩，迎面就是翠绿的山树，令人有置身山林之感，客厅里，布艺和皮质沙发混搭，墙壁上饰以木雕鹿头，一只只粗粝、原始的木头装点着墙壁，浓烈的美式乡村风格扑面而来；海蓝色与白色交织出明快的色调，卧室里一片海味，仿佛置身于地中海的度假屋……主人对品质要求极高，心思也很细腻，房间的每一处陈设都独具匠心，石头堆垒的卧室装饰墙，原木树墩状的桌台，树根状的台灯支架，都很有文艺范。

TIPS

- 地址：宁波市奉化区大堰镇大登路往西
- 交通：机场高架—S34—尚界线—大登路—花雨醉
- 热门推荐：在花雨醉一旁，老板特意预留了一块田地，土豆、萝卜、青菜……各色蔬菜应有尽有。花雨醉每天的餐食，都来自自产的绿色食物。花雨醉的户外空间作为烧烤聚会的场地也非常赞，还可以做户外瑜伽，呼吸自然的清新空气。
- 价格：别墅区："花"主题别墅整栋2880元/晚，"雨"主题别墅整栋2880元/晚，"醉"主题别墅整栋3880元/晚

  宜家精品区：地中海房698元/晚，榻榻米房508元/晚，圆床房698元/晚，铁艺房698元/晚

无乡趣，不乡村：宁波乡村旅游攻略

迷蝶香小院

在大堰村闲逛，也许你会被一座由鲜花和太阳伞包围的庭院吸引，让人以为误闯到了鼓浪屿上的清新民宿。事实上眼前这座典雅的欧范洋房"迷蝶香"，正是相当洋气的个性客栈。比邻王钫门楼，是背包客、骑行族、自驾游客人在大堰停下来上网发呆、聊天品茗、休闲放空的最佳去处，深受都市游客喜爱，周末常常是一房难求。

楼上不过7间客房，设计却各不相同，从天蓝元素的海洋房到以原木色调为主题的暖色房，从墙面、床单、台灯、到洗脸台都是成套搭配，看得人眼花缭乱，忍不住想把每间房间轮流住遍。

木质天花板，巴洛克风格的华丽吊顶，大木桌配马车式的长椅，文艺范十足。入夜，倚靠着吧台，看老板抽出各色酒瓶调配出一杯鸡尾酒作为一天的句点，大概你会误以为自己身在地中海边。

TIPS

- 地址：宁波市奉化区大堰镇政府对面

- 交通：机场高架—S34—尚界线—大登路—迷蝶香小院

- 热门推荐：奉化市大堰户外运动基地正式成立于2010年，包含山门军事拓展基地、甬江源在线训练中心、石井野营营地、里车头登山基地、箭岭山地车自行车基地、常照爱国主义教育基地、西畈观光摄影基地。基地先后被评为"浙江省青少年户外体育活动营地" "奉化市中学生素质教育基地实践基地" "宁波企业报协会会员活动基地"等。

- 价格：大床房、标间228元/间，上下铺300元/间

乡亲乡思 · 民宿客栈

憬漫别院

依山而筑，凭栏望海，坐拥黄贤海上长城，兼具山墅田海四重景观，憬漫别院以"家"的美学引人入胜，客房以电影、小说为主题，让每一个客人都沉醉于别院的慢时光之中。任时光流走，任岁月浮沉，心中却满是浪漫。

民宿的整体格局是前院后墅，前院客房以电影、小说为主题，每个房间都独具风格，让人感受不同的浪漫和温暖。后院五幢特色山墅，私密幽静，更贴心设计了阳光房、儿童房、玩具室、棋牌室，让你享有温暖、安心的旅居"漫生活"。如果人多的话，建议租一栋别墅，白天看云，晚上赏星，呼吸森林的味道，真的是美极了。

憬漫别院还推出了具有小资情调的书吧，将书、咖啡、音乐等多元的文化聚集在一起，为客人提供一个可以静思、阅读、创作、谈话以及休憩的漫生活空间。这里有山、有水，有田野和大海，惬意与恬静，不会有什么打扰到你，让生活慢下来，让心灵小憩一下吧。

TIPS

- 地址：宁波市奉化区裘村镇黄贤村（距沿海中线200米）

- 交通：鄞奉路—鄞州大道—陈姜线—奉钱线—白裘线—憬漫别院

- 热门推荐：黄贤森林公园位于浙江省奉化市裘村镇西北黄贤村，是一个自然景观与人文景观有机融合的海岸沿线山水风光型景区。相传秦末汉初"商山四皓"之一夏黄公曾在此隐居，村名由此而来。黄贤森林公园最壮观的景观，莫过于位于奉化市东南滨海地区的海上长城，在裘村西南6千米处。

- 价格：别墅1100元/栋起，套房230元/间起

无乡趣，不乡村：宁波乡村旅游攻略

应梦斑竹 奉化

"斑竹一支千滴泪"，在这个盛产斑竹的村庄，在戏水漂流的尽头，有着一家集怀旧、现代、乡愁等元素为一体的个性民宿。或是白墙黑瓦的江南建筑，或是清新靓丽的原木搭成的"蒙古包"餐厅，只是瞧上一眼这些建筑，便会被它们吸引。

而更吸引人的，则是它纯天然无污染的周边环境。应梦斑竹位于斑竹村村口，距溪口镇区23千米，占地12.2亩，常年空气质量优良，可谓是深山里的天然氧吧。若是夏天来到，这里便是再好不过的避暑地了。除了基本的餐饮和住宿，更配备了度假的标配元素：漂流、烧烤、骑行、会议、乡村KTV、棋牌、古道……可同时容纳60人住宿、168人就餐、100人开会。

门前小溪，背靠青山，白墙黑瓦，没有热闹的车水马龙，有的只是村里飘出的袅袅炊烟。就是这么一座恬静的民宿，就真的可以让你过上一天简朴的生活：在院子里晒晒太阳，泡上一杯茶，捧上一本书，静静等待白天的喧嚣退去，享受夜幕降临后最宁静的夜晚，惬意！

> **TIPS**
>
> ● 地址：宁波市奉化区溪口镇斑竹村村口
>
> ● 交通：机场路—S36—浒溪线—斑竹村—应梦斑竹
>
> ● 热门推荐：应梦斑竹最吸引人的就是这里的山水，你可以游玩古村、骑行、爬山、举办篝火晚会，或进行自助烧烤、激情漂流、观看露天电影等，再尝一尝这里的农家土菜，那就更完美了！
>
> ● 价格：388元起

漫休谷

漫休谷不仅是民宿，更多的是一种生活态度的实现。它把人们的身心从城市带入更淳朴自然的山野。白天，行走山间，欣赏曼妙无边的田园风光；夜晚，在寂静的树林间聆听悠远虫鸣，疲惫和喧嚣都静静消散。

民宿以浪漫时尚的七彩欧洲悬空木屋为主，辅以各式东南亚草屋、非洲土屋、倒立屋、球屋等个性屋，装修风格以质朴的乡村生态风格、欧美乡村风格和生态复古风格进行混搭，低调而奢华，很好地诠释了原始与现代的完美融合。不求华丽，旨在体现人与自然的沟通，营造一席"户庭无尘杂，虚室有余闲"的栖息之地。宽阔露营平台的位置绝佳，在这可以放空自己，也可以和朋友闲聊。置身于视野开阔的平台，于静谧的树林中，山风徐徐吹来，萦绕耳畔，仿佛也在诉说光阴的故事。

> **TIPS**
>
> ● 地址：宁波市奉化区溪口镇岩头村
>
> ● 交通：机场路—S36—康平路—溪南线—漫休谷
>
> ● 热门推荐：岩头村多是一座座幽深难测的民宅大院，两条长街沿溪而建。东街是名副其实的商业街，两旁的铺子几乎毫无缝隙地拼接在一起。西街则不一样，崇本堂、报本堂、钱潭庙等村内的公共建筑多建于此，蒋介石发妻毛福梅的故居也在此地。
>
> ● 价格：树屋套房1600元/间，别墅四套间5800元/套

写意岩头艺术民宿

吃腻了大鱼大肉，也厌倦了熙熙攘攘的水泥丛林，想找一个宁静而富有诗意的地方，有青山和绿水、有诗情画意和山巅的远眺，过一场有意思、有趣味的旅行，来一场说走就走的写生度假，用画笔留住这诗情画意——写意岩头艺术民宿，一个你值得去的地方。

"写意岩头"艺术写生基地位于浙江省历史文化名村、宁波市十大古村——奉化区溪口镇岩头村。岩头不仅风光秀美，而且人文景观殊胜。清嘉庆大书法家毛玉佩真迹、摩崖石刻、蒋介石发妻毛福梅故居、毛邦初故居等景观密集，且保存完好，保持着当初的风貌。

岩头村更有着独一无二的山间美食，如土鸡、烤山芋、炖泥鳅、河虾蛳螺、番薯红枣羹……一端上桌来，绿色的菜肴，美丽的心情，游客们觥筹交错，谈笑风生，轻松自然而惬意。

> **TIPS**
>
> ● 地址：宁波市奉化区溪口镇岩头村
>
> ● 交通：杭甬高速公路—宁波绕城高速—甬金高速—S36—溪南线—岩头村
>
> ● 热门推荐：岩头古村始建于明洪武三年（1370年），一直以来民风淳朴，风景秀美，更有意味的是，蒋介石的原配夫人毛福梅的祖先，也是由江山迁居到溪口。
>
> ● 价格：120元到280元不等

无乡趣，不乡村：宁波乡村旅游攻略

云图原乡 镇海

镇海郑氏十七房，这个小桥流水的古村里，藏着一家有腔调的民宿。这家民宿叫作"云图原乡枕水民宿"，它演绎着关于风情、乡情、爱情的时光故事……

云图位于十七房村明清街首、淇水河畔，由开元酒店设计、宁波云图文化创意有限公司经营。五间主题鲜明的民宿客房，栖街枕水、闻竹待月，流露着一股闲适。其中三间房间"脂粉气"十足，"花黄""黛蓝""胭脂"，这样的客房名，不禁让人想起古代深闺女子懒起弄妆时饰额、画眉、妆面的场景。与古色古香的客房不同的是，入住云图的客人可选择的早餐洋气许多，有以咖啡、面包、冷切肉、蔬果沙拉为主的欧式早餐，也可预订从豆浆油条到牛奶面包配搭齐全的中西式早餐。

民宿一楼还有一个小酒吧，设计以工业复古风为主，配以朋克味十足的家具，能鸣笛、能喷蒸汽的火车头，洋味十足。入夜，喝一杯鸡尾酒，仿佛穿越到了工业革命时代……

TIPS

- 地址：宁波市镇海区十七房村明清街首淇水河畔
- 交通：环城北路—东昌路—望海北路—开源路—郑氏十七房—云图原乡
- 热门推荐：十七房被护城河包围着，家家门前都有埠头，小河串着大河，直通宁波市中，傍着小桥乌篷、鸭子戏水、杨柳拂岸、倒影横斜，"淇水烟波半含春色"的景致浸透在浓浓的水雾中。
- 价格：333元/间起

乡亲乡思·民宿客栈

秦家小院 镇海

秦家小院的老板娘张莲萍原来是一位民营企业家，和丈夫一起经营着一家铸件厂。后来为了配合秦山村发展旅游业，把经营了20多年的工厂关停了。她笑称自己怎么都没想到曾经出入车间、坐办公室，现在会亲手为客人打扫房间和整理餐桌。从管理工人到服务客人，张莲萍一边与住店的客人交流，一边慢慢完善民宿。

秦家小院的客房数量不多，总共就8间，但房间布置得很用心，干净、敞亮、清新。虽然客房有员工打扫，但是为了让客人来民宿能住得满意，能够真正地放松身心，而不是将就一晚，张莲萍都会亲力亲为，也会和员工一起打扫客房。

在餐厅的楼顶有个可以喝茶、聊天的亭子，亭子正对面全是竹林，视野非常开阔，你可以坐在亭子下边喝茶边远眺山林。等到芦苇黄了，老板娘还会去采一些芦苇来盖在亭子顶上，这样大家喝茶时不仅晒不到太阳，还让整个亭子看起来更贴近自然。

TIPS

- **地址**：宁波市镇海区秦山村

- **交通**：环城北路—北环西路—骆慈线—秦山村—秦家小院

- **热门推荐**：距离秦山村仅20分钟车程的九龙湖好似碧玉镶嵌在宁波北部的群山之中，沿着九龙湖环湖道向景区深处前行，沿途可将达蓬、九龙归海、梵呗清音、金蟾听佛等自然人文景观尽收眼底，无论散步、骑行还是自驾皆宜。

- **价格**：包吃包住150元/人，仅住宿150元/间起

- **温馨提示**：秦山村有许多果农，秦家小院和他们合作，每到杨梅、葡萄、草莓、橘子等成熟季节，客人来秦家小院居住时还可以体验采摘水果。

无乡趣，不乡村：宁波乡村旅游攻略

香榧谷

李家坑香榧谷是目前整个四明山区保存最为完好的古村落，也是最理想的民宿聚集地。景区距离李家坑漂流起点码头仅百米远。本区位于李家坑漂流服务区西侧，依溪而建，背靠青山，设有露营区、烧烤区、休闲区以及木屋区四大块。而在过去，这里是一处乱石滩。如今，七八栋精致的小木屋和一大片可容纳几百人的烧烤露营区，与一河之隔的李家坑古村遥相呼应，弥补了李家坑漂流和李家坑古村一直存在的无法延长游客逗留时间的短板。

民宿取名香榧谷，是因谷内有两棵上百年的香榧树，老树的具体年龄已不可考证。为使香榧谷名副其实，主人又种了100多亩香榧树。目前香榧树苗还小，预计三五年后，游客们就能漫山遍野地采摘香榧了。在每间小木屋的阳台上，临水的阳台似与山水融为一体，在木椅上坐着沐浴阳光，吹着微风，感受不一样的生活情怀。青山倒映、碧波清澈，一片鸟语花香。

TIPS

- 地址：宁波市海曙区章水镇李家坑村
- 交通：机场高架—S34—荷梁线—细夹线—李家坑村—香榧谷
- 热门推荐：李家坑漂流全长2.6千米，因其河道布局险峻，一直被誉为宁波最刺激的漂流。这里的刺激不仅仅是漂流过程中飞舟浪尖的跌宕、有惊无险地与水搏斗，更是由于陡峭的峰脊高耸，使得漂流过程仿佛飞檐走壁的武侠巨片。
- 价格：580-1280元不等

乡亲乡思·民宿客栈

道地小筑 海曙

位于鄞州区章水镇的李家坑古村落坐落于海拔800米的杖锡山麓，靠山而居，依溪而建，有着400多年历史。被誉为最文艺民宿的道地小筑就处在古村落的半山腰上，整个建筑风格与古村落相辅相成、互相映衬。在道地小筑，你可以收获纯净的青山绿水，吃到地道的农家菜，更可去了解当地厚积400余年的历史底蕴。

道家是以老子、庄子为代表的一种思想流派，道家崇尚自然，主张清静无为，提倡道法自然，无所不容，自然无为，与自然和谐相处。这便是道地小筑的由来，道地小筑按照古村现有老建筑的风貌而建，协调统一，共16间房。房间是依照酒店标准建立的，每个房间以节气命名，让人觉着与自然万物有着最亲密的接触。主人家贴心地为客人在门前修建了一个小庭院，四方而来的游客在此处，闲暇之余可以喝喝茶、聊聊天、打打牌，更可以呼吸着山岭之间的灵气做一些健身运动，益寿延年。

TIPS

● 地址：宁波市鄞州区章水镇李家坑村

● 交通：机场高架—S34—荷梁线—细夹线—李家坑村—道地小筑

● 热门推荐：道地小筑背靠丹山赤水风景区，高几十米、宽几百米的丹山石壁，带暗红色，故称"丹山"。景区由丹山赤水、鹰岩洞天、狮王悟道、淡瀑飞水、八卦仙台、仙人指路等30多处景点组成。车行山路，迤逦起伏，尽享自然风光。

● 价格：大床房310元/间，套房386元/间，家庭房470元/间

无乡趣，不乡村：宁波乡村旅游攻略

慈舍美学民宿

慈舍位于古慈城东面，慈湖之畔的太湖路边。慈舍前身是民国上海服装大亨任士刚故居，一座民国时期的三进式老宅院，石砌房基，木窗木门，白墙黑瓦。慈舍这个宅院的面积有2300多平方米，在空间上分为公共空间和居住空间。居住空间有9个客房，大概400多平方米，绝大多数空间是用来休憩、社交的。

涵盖了书房、香房、禅房的公共空间"三间堂"，可举办各类手作体验活动、国学课程、创客沙龙、禅修活动。屋外，列列乌竹下花海吟风；屋内，清雅风华星笔墨禅心。

这里是小清新和文艺咖的聚集地。约上三五好友，酌小酒一杯，共赏悦目风景一片，聆听一份禅意。抛去城市的喧嚣，远离琐事的烦恼，走进慈城古镇，看一看民宿"慈舍"，这边风景独好！

> **TIPS**
>
> ● 地址：宁波市江北区慈城古县城太湖路67号
>
> ● 交通：机场路—北环高架—慈城连接线—塘家湾路—太湖路—慈舍美学民宿
>
> ● 热门推荐：慈城是江南地区唯一保存最为完整的千年古县城，保留有大量明清时期的古建筑。以孔庙为中心，有冯岳彩绘台门、甲第世家、县衙、冯骥才祖居等，处处体现了深厚的文化积淀。
>
> ● 价格：422~949元不等

老樟树 江北

"老樟树"由老樟树、竹园、兰园、柳园、小小酒吧、静舍茶室、上房八大灶组成,既有农村民居的古朴典雅,也有现代的娱乐和便利。老樟树的美女老板小小是一位淡雅的女子,这是她从小长大的院落,这棵老樟树,也见证了她成长的点滴。出于对老樟树特殊的感情,小小围绕着这棵参天大树,改建起了自家院子。

小小说她曾经多年闯荡在外,做过养生,开过餐馆,跑过外贸,现在回到村子里,发现村貌发生了很大变化,几乎不认识打小成长的地方了。为了报答乡亲们的恩情,她决定关闭工厂,回村里开这家民宿。这里的客房主打中国风,但也有美式乡村怀旧风。"你家""我家""她家"的客房名,引得众人纷纷点赞。

走进老樟树,好似走进了一本泛黄的相册。窗边的竹帘,床上的蚊帐,无不勾起老宁波人的童年记忆,将那个朴实的年代又栩栩如生地展现在了眼前。兴许,这就是老樟树的魅力吧。

TIPS

- 地址:宁波市江北区洪塘鞍山村上房
- 交通:机场路—荣吉西路—鞍前线—老樟树
- 热门推荐:步行15分钟即可到达千年古寺——保国寺。保国寺作为江南地区现存最为完整的宋代木结构建筑却以其谜团闻名于世。
- 价格:328元/间

无乡趣，不乡村：宁波乡村旅游攻略

6号美墅馆

6号美墅馆位于北仑春晓东部的昆亭村，村子是个清静的好地方，让当年"上山下乡"时来到这儿的徐永菊始终念念不忘。2014年，儿子将这栋两层半的小别墅翻了个令父母宾客一道称赞的花样。

美墅馆面积不大，小楼的细节十分完整。二楼的"清水山居"以榻榻米为基调，主打清雅的日式风格；以亲子为主题的"小山坡"，俏皮的高低床、可爱的气球灯构成了一个欢悦的家庭乐园。不一定比得上主题酒店的奢华精致，却十分整洁清新，这是这间民宿最大的特点之一。以智能家居为主题的"智能房"，看似简约，实则含金量颇重，窗帘可声控，镜子可自动除雾，连家庭影院也配备了3D投影仪。走入其中，有种来到了神奇世界、到处都能触发机关的兴奋感。一声"小智，开灯"，便可以唤醒整个房间。

> **TIPS**
>
> ● 地址：宁波市北仑区春晓街道昆亭村上车门6号
>
> ● 交通：中山东路—329高速—大海线—球河线—穿咸线—6号美墅馆
>
> ● 热门推荐：昆亭以一人、一庙、一树群而名声在外。人为清末才子刘慈孚，博学多才；庙为圣山庙，据《民国镇海县志》记载其祀为明"浙东四先生"之一的宋濂，虽有斑驳，古韵尚在；古树群在临海一面，多为200岁上下的朴树、樟树及枫树。
>
> 价格：198~480元/单间，1880~1398元/整栋

菅汀

菅汀，一家海涂边的民宿。它身处沙龙湾，直面大海，左边是银色的梅山大桥，右边是红色的春晓大桥，门前的滩涂已被规划为湿地公园。

这原是海天职工的宿舍，稍做改造，便是理想居所。菅汀依照的是当地的建筑风格，在保留村落老宅原貌的基础上突显原生态主题，建造时就地取材。民宿的文艺范不仅在室外，更在室内，房间虽不大，但色彩及饰物都显现着主人的匠心，高低床的童趣设计、斗笠式的吊灯，都能让客人感受到一丝与众不同。这里有15间房，每一间各有特色，满足不同客人的居住需要。

主人说，建这个民宿，是希望让更多喜欢大海、享受海边生活的朋友来到菅汀，在海边吹吹海风，吃吃宁波小海鲜，过一段海边慢生活岂不悠哉？

> **TIPS**
>
> ● 地址：宁波市北仑区春晓街道干岙村沿海中线旁
>
> ● 交通：甬台温高速—杭甬高速—泰山路—太河南路—沿海中线—菅汀
>
> ● 热门推荐：沿着太河南路继续前行，便可到达中国港口博物馆和洋沙山景区。可前往中国港口博物馆看看中国航运的发展史，体味一番宁波港口文化。
>
> ● 价格：120~280元不等

心宿福泉 东钱湖

"一山观湖海，万翠拥福泉。"一句话，将福泉山的美表达得淋漓尽致，心宿福泉便坐落其间。这里原是知青宿舍，如今经过改造，已经成为茶禅一味的山间民宿。设计师独具匠心的设计，让一草一木、一桌一椅都透着禅意，只是静静地坐着，就能放松心神，宠辱皆忘。

心宿福泉身居茶海，背依名刹，颇有竹林深处有人家的感觉，也有一种"极致生活，隐于竹林"的幽静。民宿分为几个板块：开篇——序：仿古的建筑风格及极简的视觉效果；人文空间——墨沏：墨沏是心宿福泉待人接物的地方；本心住处——安住：每间客房都配备了心宿定制款床垫和资生堂洗护用品；定食餐厅——"善"：以定食为主，餐厅环境简约雅致，可同时容纳50人用餐；饮茶会友——文会：有中式、西式和日式三种不同风格的茶室，也可作为会议室。另外还配有自助洗衣房、民俗体验间、灯光球场等设施空间，让你收获更多的体验。

TIPS

- 地址：宁波市东钱湖国家旅游度假区福泉山茶厂旧址（大慈寺旁边）

- 交通：中山东路—百丈东路—东环南路—环湖北路—韩天线—心宿福泉

- 热门推荐：福泉山以盛产"东海龙舌"而著称。茶岭碧波万顷之顶，有碧水一池，称"龙潭"，旁有古井称"福泉"。据说，福泉与东海龙宫是相通的，其实福泉是由一千余米的地下泉水从岩石缝隙中向上喷涌所致，若遇干旱，东钱湖水位大大下降，而井水依旧荡漾，特别到了冬天，福泉井热气蒸腾，从不冻结，书法家沙孟海先生取用此水后欣然挥毫写下"福泉"两个大字。

- 价格：755元起

无乡趣，不乡村：宁波乡村旅游攻略

韩岭花间堂

"花间一壶酒，独酌无相亲"，诞生于云南丽江的花间堂带着诗意凛冽的清香在民宿界可谓独领风骚。从最初的丽江到即将入驻的东钱湖韩岭，每一处花间堂都是独一无二的。如果说开发中的古村韩岭对东钱湖旅游发展有着重要意义，那么还未正式开业的花间堂则对韩岭有特殊的意义。

历史上，古老的韩岭老街一直起着鄞东南交通物流交易的枢纽作用，随着后来陆地交通的发达，老街繁华不再，但底蕴犹存，成了岁月刻画的怀旧风景，引来了许多慕名者走街串巷地在想象中还原那段悠长岁月。不同于当地五星级酒店——宁波柏悦酒店的渔村变"瑶宫"，主打是奢侈和华丽，韩岭花间堂走的是返璞归真的路线，设计的初衷就是希望能还原当地渔民悠闲、怡然自得的一种生活状态。

在材料选择上，韩岭花间堂用当地仅有的C型砖和旧砖设计大堂墙面，用当地最为家常的竹椅和竹器布置房间，装饰出有渔家元素的双人间，还有充满夏日记忆的星空电影院……这些令人看到了一种从怀旧的骨子里慢慢渗出的现代又温馨的"家"的感觉，很容易让人深入其中体会到当地的生活状态。

TIPS

- 地址：宁波市东钱湖国家旅游度假区韩岭村村口
- 交通：广德湖北路—鄞州大道—鄞横线—明州大道—S215—环湖东路—韩岭村
- 热门推荐：韩岭之南，金峨山与福泉山交接处有一条幽深的古道，韩岭村口始建于北宋的广济亭是通往古道最古老的路标。快的话，半个小时不到就能爬至山顶。从山顶的岭南殿回望整个东钱湖，烟涛微茫。再往上百余步，有一片茶园，茶园旁有十方云南寺，若有缘可入内品一杯禅茶。
- 价格：待定

野合 东钱湖

野合更为人熟知的名字叫东钱湖小白屋。门口空地铺满了精致的小白石，水泥筑的台子格外惊艳……未进门就感受到了小白屋独有的气息。整个空间以白色为主色调，趣味的小装饰做点缀，搭配大量的绿植盆栽，一些原木家具，让人仿佛置身在大自然中。

管家将自己极致的旅居体验投入其中，将这里打造成一处文艺逼格之地：白色的落地窗帘，白色的大床，看似随意靠墙的几幅画，落地窗的小躺椅边琴叶榕教科书般的摆放方式，梦寐以求的榻榻米阳台，一切恬淡得似毫不刻意的经营。小白屋有两个房间，加上阁楼总共三张大床。你可以选择包下一整栋，约上朋友来开派对，也可以选择只租下一间，享受一个不被打扰的周末。

一间有趣的民宿，一个创意无限的主人，带来一系列妙不可言的邂逅，而这样的经历也变得让人难以忘记，让你的旅途更加充实有意义。

> **TIPS**
>
> ● 地址：宁波市东钱湖国家旅游度假区隐学山庄内（徐王路）
>
> ● 交通：姚隘路—福清南路—鄞县大道—玉泉南路—徐王路—隐学山庄—野合
>
> ● 热门推荐：陶公岛景区是中国商祖、财神菩萨陶朱公范蠡和西施于两千五百年前生活的地方。东钱湖和陶公岛因陶公而得名，陶公岛是宁波最吉祥、最浪漫的地方，也是宁波市和东钱湖旅游度假区旅游休闲人气最旺的地方。
>
> ● 价格：整栋价1400元，单间700元

花墙村农家客栈 象山

花墙村是象山县茅洋乡的"西大门"，三面靠山，一面靠海。村南靠海处拥有大片海涂地，因形状似蟹钳，称之为蟹钳港。蟹钳港静若处子，滩涂瑟瑟满江红。滩涂上劳作的身影若隐若现。游客们下滩涂，抓招潮蟹；坐弹涂船，抓弹涂；玩竹筏，感受不一样的漂流……蓝天、夕阳、小船、金滩……一切的一切，神奇灵动，且瞬间迥异，似乎还有天籁随之此起彼伏。

花墙村的美名早已在外——不仅因为渔家民宿的独特味道，更是因为这里的地理环境引人入胜。渔村毗邻蟹钳港，拥有丰富的渔业滩涂资源，不仅能够享受纯净的新鲜空气，还能听海潮、纳海风、观海景。

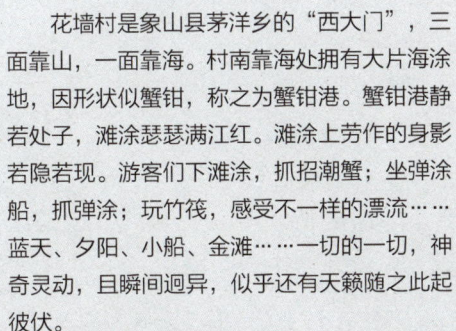

> **TIPS**
>
> ● 地址：宁波市象山县茅洋乡花墙村
>
> ● 交通：甬台温高速—甬台温复线高速—S19—沿海南线—S215—花墙村
>
> ● 热门推荐：茅洋乡有一个著名的晒海苔专业村——文山村，自古以晒海苔和鱼鲞闻名，其晒制海苔已有300多年的历史。鱼鲞的原料都是鲜活的东海野生鱼类，有鳗鱼、小黄鱼、带鱼、小鲨鱼、马鲛鱼等，来了不妨捎一些回去，蒸一蒸，下酒配饭皆宜。

无乡趣，不乡村：宁波乡村旅游攻略

沙地村农家客栈

沙地村位于象山半岛定山平原东首，是一座美丽的小山村。全村现有农家客栈60家，房间652间，床位1480张。村内各客栈由农家自居别墅改装而成，既有农家小院的别样风情，又有宾馆酒店的干净整洁。游客可以尽情地游玩在山水田间地头，与大自然尽情地拥抱。

沙地村境内层峦叠嶂、山清水秀，古木苍苍、流水潺潺，风光秀丽、生态绝佳。沙地村自然人文景观和农特产品资源丰富，有历史悠久的新安寺，新安寺是象山县著名的十八大寺院之一。此外，象山影视城和石浦渔港古镇都在车程20分钟范围内，出行游玩十分便利。

TIPS

- 地址：宁波市象山县定塘镇沙地村
- 交通：甬台温高速—甬台温复线高速—S19—沿海南线—马漕线—沙地村
- 热门推荐：除了品尝海鲜，来象山体验海洋文化也是一个不错的选择。每年农历三月初三有民俗"三月三，踏沙滩"，届时有渔灯、马灯等民俗文化表演和沙滩美食节、海洋文化沙雕等活动。到了9月，中国开渔节，将举行独一无二的海洋庆典活动，具有浓郁的渔乡风情和海滨特色。

黄公岙农家客栈

黄公岙村地处象山大塘港东南侧，是进入象山影视城的必经之路。村口古老的香樟树下，历来是村民茶余饭后休憩的地方，附近的一口方塘，碧水盈盈，倒映着庭院山色。这原本是典型的江南水乡的古老小村庄，新中国成立曾在此建立了一幢山海楼，原为象山县革命根据地，现为象山县文物保护单位。

随着象山影视城的声名鹊起，新桥镇黄公岙村也逐渐变得声名远扬。一进村，就可以看到七八株大香樟葱郁如华盖，村公路两旁是一排排整齐漂亮的农家庭院，如今，摇身一变，打出了"影视农家客栈"的招牌。由于毗邻象山影视城，当地村民当群众演员、开影视客栈、办影视餐厅……原本"面朝黄土背朝天"的农民已经吃起了"旅游饭""文化饭"。

TIPS

- 地址：宁波市象山县新桥镇黄公岙村
- 交通：甬台温高速—甬台温复线高速—S19—沿海南线—S216—黄公岙村
- 热门推荐：象山影视城占地面积1091亩，有大门广场区、村街作坊区、墓府山洞区、庄园湖塘区、店铺城宅区等五大景点区域，集影视文化与旅游休闲于一体。不同历史阶段的影视题材均可在这里找到合适的场景。《神雕侠侣》《赵氏孤儿》《少年杨家将》《芈月传》，以及2017年初火爆全国的《三生三世十里桃花》等知名影视剧都在此取景拍摄。

乡亲乡思·民宿客栈

新鹤村农家客栈

新鹤村三面环山，一面临海，因远眺山形如鹤，故称新鹤。半边古道半边山景，有成片的油菜花田吸引游客前来观赏。天气回暖，油菜花进入盛开期，与远山、近水、村庄交相辉映，构成一幅春意盎然的风景画。

目前，以新鹤、蛟龙、金山三个区域为建设中心的半边山旅游度假区项目正在紧锣密鼓地进行中。项目依托区域内的山脉、海洋、沙滩、海岛、渔村等自然与人文资源，遵循低碳、生态、智慧的理念，打造集大众旅游、商务休闲、滨海度假、康体休养于一体的滨海度假休闲胜地，总投入资金逾80亿元。不久的将来，新鹤村将以更新更好的面貌来迎接各地游客。

TIPS

● 地址：宁波市象山县石浦镇新鹤村

● 交通：甬台温高速—甬台温复线高速—S19—沿海南线—新鹤村

● 热门推荐：象山半边山度假区濒临浩瀚东海，是个三面碧水相拥的小小半岛，素有"生态天然氧吧"的美誉，空气清新，负氧离子含量高达每立方厘米14,700个。景点的临海山体独特、峻峭，濒岸礁石秀美壮观，卵石滩色彩斑斓、十分诱人。

南溪温泉农家客栈

在风景秀丽的南溪温泉景区，有一个南溪村，村内有着名的宁海森林温泉，是中国十大温泉之一，国家AAAA级旅游景区。据测定，这一带地热水不但蕴藏量大，水温适中，且水质清澈透明，品位甚高，含有多种微量元素。宁海温泉旅游度假区，群峰环绕，峡谷幽深，有三潭九瀑十八溪七十二峰，近万亩阔叶乔木，遮天蔽日，形成天然的超级"大氧谷"。夏季温度比杭州、宁波低3℃~5℃，更是避暑圣地。还有4条国家级登山步道，可徒步在山林之间，尽情领略优美风景，呼吸新鲜空气。

TIPS

● 地址：宁波市宁海县深甽镇南溪村

● 交通：机场高架—S34—尚岭线—西山线—南溪村

● 热门推荐：除了身体的放松享受，来宁海还得尝尝宁波最好的一市青蟹、西店牡蛎、长街蛏子。西店的浅海区是牡蛎的最佳产地，秋冬季来盘蛎黄，蘸点酱油和米醋，鲜得人直唔叹。而毗邻三门湾的一市镇和长街镇分别以蟹香浓郁的大青蟹和肉嫩肥美的蛏子闻名，一上市就会有各路食客赶来尝鲜。

无乡趣，不乡村：宁波乡村旅游攻略

龙宫农家客栈

相传龙宫村是蛟龙藏卧之地，村西有个石窦潭，犹如水晶宫，被称为"龙潭"，龙宫由此得名而来。龙宫人以得天独厚的山水资源，创造了集历史与野趣为一体的旅游胜地。村内有一条长达5千米的汉代古驿道，至今保存汉代风貌。海拔954米的"宁海第一尖"，是龙宫龙溪的发源地。村东有狮子山，村西有鸡冠山，两山对峙，围而不寒，藏风得水。青山峡谷间，有18支清泉从四面八方汇成3条溪流，流入村庄，素有"村外十八泉，村内八卦水"之称。古村中，龙潭龙树龙根，中华龙文化俯首皆拾；古桥古井古宅古道，传统古建筑举目皆是。

古老的村庄因有了满目的绿意、阵阵的山风、乡民的好客、土菜的味美而显得妙趣横生。沉浸于生态、质朴、静谧的农家氛围之中，让人仿佛找回了充满趣味的童年记忆。吃着淳朴的农家宴，置身于天然氧吧，到了这里，居住也成为一种美妙的体验。

TIPS

● 地址：宁波市宁海县深甽镇龙宫村

● 交通：机场高架—S34—尚岭线—西山线—S38—南溪村

● 热门推荐：龙宫村，2013年被列入第二批中国传统村落名录的村落。龙宫村建于北宋宣和年间，有一千多年的历史。村口的陈氏宗祠，南临龙溪，北坐狮山，始建于明崇祯十六年（1643年），基本上还保持着建时模样。最有特色的有明清时期的"三串堂"，前有福字照墙，后有天井、花坛、水井，显示出建筑的气势恢宏；"五世同堂"四合院，表现出福祉双星，瓜瓞绵延的特征。

双林农家客栈

双林村位于三麓潭旅游景区内，距宁海城区20公里。旅游区东依宁海东部最高峰东海云顶，是汶溪水域的源头。旅游区内的慈云佛学院是江南唯一的比丘尼高等学府，已有700多年历史。四周群山环抱，碧水涟涟，生态环境清新，是一个天然的氧吧仙境。国家级登山健身步道依山延伸而上，是休闲登山者的理想场所。近年来，双林村通过实施"生态美村、改造靓村、旅游兴村"战略，整治村庄环境，依靠良好生态，成功打造了"双林农居"，全村现有农家乐40家，有床位近600个，可以同时容纳1200人就餐。

TIPS

● 地址：宁波市宁海县桥头胡街道双林村

● 交通：机场高架—东环北路—沈海高速—S38—双林村

● 热门推荐：三麓潭旅游景区紧依宁海最高峰——东海云顶，是汶溪水域的源头。景区内的慈云佛学院是浙江省著名的佛学院之一，已有1000多年的历史。这里是一片秀美的田园风光，生态环境清新怡人，景区内花香日丽，四季如春，碧水涟涟胜桃源。

东山农家客栈

宁海胡陈远离工业区,自然生态保存得较完好,山路、古道、溪流、瀑布、寺庙、古村、历史文化遗迹、果林构成的30千米长的国家登山健身步道,一步一景,一路流连,全然不会生厌。户外爱好者可以根据自己的喜好制定路线,从东海云顶一路下来的游步道可以行至归云洞景区。走累了,在东山村找家农家客栈落脚,不需要精致的摆盘,新鲜的应季食材和农家媳妇大锅快炒的手艺就能回味许久,真是"看山色,食山味"。一年四季让人眼花缭乱的各色蔬果,能让人真切感受到"住农家屋、吃农家饭、干农家活、享农家乐"的自然惬意。

TIPS

- 地址:宁波市宁海县胡陈乡东山村
- 交通:甬台温高速—沈海高速—城岭线—S34—东山村
- 热门推荐:宁海东山桃园生态休闲旅游区位于东山村北侧,占地约为1.2平方千米,拥有早中晚三大系列20余个品种的水蜜桃千余亩,是宁海县境内最大的桃园。

秦山民宿

九龙湖镇最西边的秦山自然村,九成山林,一成耕田,村子拥有上千年历史,村中的鹅卵石洞桥、鹅卵石群建民居吸引了全国各地的历史文化爱好者前来探秘。这里也是江北游步道与镇海桃花岭游步道交界处的一处分岔路口,时有山地马拉松爱好者、驴友和健身人士从这里路过,环境可谓上佳。近几年,秦山村陆续开了几家民宿。与一山之隔的横溪村民宿相比,这里的民宿优势在于"静":空气清新,大面积的山林仅有几十户人家,整个小村安静无比,春日小住,当是头等美满之事。

TIPS

- 地址:宁波市镇海区九龙湖镇秦山自然村
- 交通:北环西路—康庄北路—骆慈线—秦山村
- 热门推荐:江北游步道途经保国寺、慈城古县城、绿野山庄等3个国家AAAA级旅游景区及多个水库,是离城区最近的大型"天然氧吧"。

无乡趣，不乡村：宁波乡村旅游攻略

横溪村农家乐

横溪古村素有"长寿村"的美誉，村中古树庇荫，幽静清雅。如今，这里也成了星级农家乐遍布的美食天堂。白墙黛瓦的民房，间或几幢别具个性的农家小洋房，越来越多的村民操持起锅碗大灶招待络绎不绝地从宁波、上海等地来的客人。横溪村的农家乐几乎家家生意火爆，每餐必备的土鸡和溪鱼还得提前预约，取自九龙湖的河虾和螺蛳等河鲜，鲜得让人不计形象地连连吮指。有几户农家乐还自养鸡鸭、种植茶叶，完全走起了"自给自足"路线。走之前不妨带上一点村民自制的笋干、霉干菜等土特产，甚至可以带一只活鸡回去分享给亲朋好友。

TIPS

● 地址：宁波市镇海区九龙湖镇横溪村

● 交通：环城北路—北环东路—九龙大道—余汶线—横溪村

● 热门推荐：九龙湖环湖道是观山览湖的最佳路线，依山而建的环湖大道全长五千米左右，无论是休闲散步还是自驾旅行，都是不错的选择。这里不仅恢复了古宁波连接镇海与慈溪之间的茶马古道，同时还有多条健身步道。

三十六湾村

奉化

三十六湾村地处四明山腹地，位于溪口雪窦山景系之内，夏季最高气温极少超过27度，素有"避暑胜地，清凉世界"之称，春天山花烂漫，冬天银装素裹。站在三十六湾村的任何一处可以"朝观日出，晚送夕阳"，倚在农家的窗台，颇有"会当凌绝顶，一览众山小"之感。三十六湾还被誉为花木第一村，一百多年前，村民引进的月桂、大红宝珠茶花种植获得成功，便有了现在高山花园村的盛景。村道旁、阳台前、院墙上，甚至楼房顶，随处可见一盆盆造型别致的五针松，勾勒出山村独特的艺术景象，令人仿佛置身于一个巨大的盆景园。

TIPS

- 地址：宁波市奉化区溪口镇三十六湾村

- 交通：机场高架—S34—S36—S33—三十六湾村

- 热门推荐：雪窦山的山水以千丈岩、三隐潭、徐凫岩为胜，还有藏于峰峦之间的雪窦寺，为弥勒道场，向世人传递着以"和乐"精神为中心的弥勒文化。

无乡趣，不乡村：宁波乡村旅游攻略

大堰一路上乡村客栈

大堰一带是甬江的源头，是宁波的水源保护区。在山路上疾驰，两旁民居寥寥，山色空蒙，溪水清冷，连空气都如自动过滤了般闻之令人舒爽，一点不掺杂质。一春一秋，金黄遍野，是大堰喜迎四方民众的狂欢日，真正美不胜收。总长15千米的"福星常照"徒步路线，从常照村附近开始，与郁郁葱葱的千年古树群、古韵深浓的前洋古宅、景色曼妙的仰天湖寺院一路相遇，可以漫步整整一个下午；箭岭休闲基地包含漂流与山地自行车两项令人感到刺激的项目；还有皮筏艇、露营、军事、真人CS、拓展基地等一应俱全，满足了热血青年的全部飙汗要求。喝一碗自酿的米酒，尝一盘刚烤的冬笋，住一晚极具农家风情的民宿客栈，上山掘笋，临溪观鱼，尽享户外运动的乐趣……

> **TIPS**
>
> ● 地址：宁波市奉化区大堰镇
>
> ● 交通：机场路高架—东环路—金许线—尚界线—大堰镇
>
> ● 周边游玩：大堰镇目前已开辟10多条自然景观徒步线路，还有独一无二的六百亩油菜花梯田。而位于大堰镇柏坑村的前洋古建筑，建于清代乾隆末年（1796年），名叫处安堂，取居民平安之意，为曾授布政史的王景阳所建。正门檐瓦重叠，颇有气派。室内雕梁画栋，木格窗户，充满民间艺术气息，充分体现了江南民居特色。

乡野乡趣·文化古道

无乡趣，不乡村：宁波乡村旅游攻略

亭溪岭古道

亭溪岭为鄞奉象三邑通衢，绵亘十余里，古道沿路山道平缓，风景旖旎，百步一景，四季景色各异。亭溪岭古道就在横溪镇边上，离市区不过十几千米路程，大概因为是靠近市区最近的一条古道，加上又被列为"宁波十大文化古道"之首，这条原本近废弃了的荒山里的古道竟然开始游人络绎不绝。天气晴好的周末，热闹不下城区公园，以至于山脚下的古道入口终日聚集了一些卖竹笋、玉米、青菜、野生猕猴桃等的乡民，俨然一个小市场。

古道并不长，但有几处古迹可寻，对于喜欢访古的人来说，倒也增添了不少意趣。古道沿途之中，有着凉亭几座，凉亭是山间古道旁供行路之人休息所在，隔不远就有一座。

亭溪岭自古是军事要隘。太平天国曾在百步尖下的亭溪岭墩筑有一条长达数十米、高约两米的土城墙和几处营寨。亭溪岭，岭之南有月涛庵、众安塔。岭之北麓有松涛簇拥的白云寺。亭溪岭上有多座凉亭，凉亭上

的亭联很有意味，如："行行行行行且止，坐坐坐坐坐再走""公公十分公道，婆婆一片婆心"。

TIPS

- 线路：鄞州区横溪镇周夹岙村－东钱湖镇城杨村
- 交通：从宁波乘111路公交车，车费2元；或乘629路公交车，车费3元，到横溪镇。
- 周边看点：横溪水库、金峨寺、酒埕岩仙人寨、东钱湖旅游度假区。
- 美景指数：★★★★★　难度指数：★★☆☆☆

乡野乡趣·文化古道

松石岭古道

松石岭是浙东名山大梅山的一部分，是昔日横溪镇通往鄞东南山区的要道之一，与亭溪岭齐名。相传早在两千年以前，西汉名儒梅子真为避王莽之乱，千里迢迢来到横溪，然后翻越松石岭，隐居在大梅山深处。从此山以人得名，始有梅岭。到了山岭上，发现对面山上有双石对峙，因此也有人叫双石岭。

松石岭古道和亭溪岭古道齐名，是横溪旁边山脉上的"绝代双骄"。不过松石岭山高路陡，有松有石，倒也名副其实。松石岭北起横溪镇区，南至梅岭芝山村，蜿蜒二十余千米，再向南延伸到塘溪镇童村。古道上，有一段要经过一片茂密的竹林，竹林清幽，浓荫蔽日，天气有些热的时候，走在这一段让人觉得别样的舒服。

松石岭古道靠近"东方巴士"终点站，对于周末来松石岭爬山的游人来说十分便利。到松石岭山顶，还能吃到一碗热腾腾的面条或年糕汤，当然，如果想要"奢侈"一下的话，还可以吃一只现场宰杀烹饪的土鸡。对于很多没有准备就贸然来爬山的游人来说，山顶的这一碗面要远远胜过山下的许多饕餮美食呢！

TIPS

- 线路：鄞州区横溪镇周夹岙村—白云岗—芝山村龙王塘。

- 交通：到七塔寺乘111路公交车到横溪，车费2元。

- 周边看点：横溪水库、金峨寺、酒埕岩仙人寨、东钱湖旅游度假区

- 美景指数：★★★★☆　难度指数：★★★☆☆

无乡趣，不乡村：宁波乡村旅游攻略

徐霞客古道

徐霞客古道被列为国家19项线性文化遗产之一，途径宁海西门、黄坛镇、前童镇、岔路镇，总长约50千米。为纪念400年前徐霞客曾到宁海两次，按《徐霞客游记》中所述之行径路线而成，故名徐霞客古道。

徒步游走在徐霞客古道之上，走过布满岁月痕迹的鹅卵石路，仿佛在不经意间就会与年少时期的徐霞客的脚步重合，感受着乡间泥土和青草的气息。西门是《徐霞客游记》的起点，距西门2千米的茶廊、古道、古桥、古井均保持着古韵，成为今天极其宝贵的探古场所；梁皇驿道和岔路口，是徐霞客前后两次旅行中分别住宿的地方，今犹存梁皇驿古道残桥，岔路口有古道指路碑；上金路廊与松门岭，均保持着徐霞客当年走过的风貌，据传这个松门岭以前叫"送命岭"，可想而知，这条道的徒步难度。如今古道成为人们寻古浏览之路线，特别为背包族喜爱。

TIPS

- 线路：宁海梁皇山

- 交通：宁波汽车南站乘车到宁海客运站，车费28元，再从宁海客运站到梁皇山。

- 周边看点：徐霞客公园、前童古镇、梁皇山、野鹤湫、浙东大峡谷

- 美景指数：★★★☆☆　　难度指数：★★★★☆

乡野乡趣·文化古道

桃花岭

桃花岭古道位于江北、镇海、慈溪三地交界，历史上是三地农工商探亲访友贸易之要道。过往，桃花岭上肩挑手提、赶集赶路的人儿络绎不绝，200多年来承载起几代人外出经商求学的希望。清代诗人王坚过岭后题诗："桃花开未开，踏破岭云来。春色杳然无，涧泉流不回。人烟出林远，日影落山颓。村店招人歇，宁舆且举杯。"关于"桃花岭"名字的由来，想是源自道路旁的桃花林。

桃花岭岭顶有石屋两三间，内置有桌椅供休憩，也有简单的灶头方便野营者烹饪烧烤。石屋所在旁，有残垣断壁，原为幸福亭遗址。据悉，过往幸福亭便是作为三界界碑，亦为来往村民提供遮风挡雨的去处。修路栽树的好心村民袁松才老人用一石一瓦在其旁新建了这个"幸福亭"（现名三界亭）。多数时候，老人会守候石屋，为徒步的游客烧茶、指路。也正因为有老人守护古道，桃花岭如回到了人来人往的热闹往昔。

TIPS

- 线路：镇海九龙湖镇横溪村—慈城金沙村—慈溪掌起镇后茅山

- 交通：宁波火车南站乘965路，或于宁波第三医院坐公交384路直达九龙湖景区，车费2元，再转381路。

- 周边看点：河头古村、达蓬山旅游度假区、九龙湖旅游度假区

- 美景指数：★★★★☆　　难度指数：★★☆☆☆

无乡趣，不乡村：宁波乡村旅游攻略

孝子岭古道

宁波民间有句古话：灵峰转茅洋，白银一千两，灵峰寺与茅洋寺之间有一条古老的卵石路，俗称孝子岭，全长约2千米，千百年来，上灵峰拜佛叩仙的香客，在祈拜葛仙翁后，都不辞辛苦翻山越岭去茅洋寺，敬拜教子有方的葛仙圣母，因为葛仙翁为老百姓治病繁忙，但他每天翻山越岭去看望母亲。人们为了纪念葛仙翁的孝子之心，便把这条路取名为孝子岭。

孝子岭古道在灵峰寺和茅洋寺之间，是一条卵石铺就的用来连接两座寺庙的古老山路，古道不长，大约五千米。这处山脉在北仑境内，其实和阿育王寺同处一脉，相隔也很近。此处山并不高，是横亘在宁波城区和北仑之间的一段余脉，千百年前，是汪洋当中的一处孤岛。

在宁波的年轻人中，走过孝子岭古道的实在不算多，但对于很多阿婆阿婶来说，这条古道她们再熟悉不过，每年的农历四月初一到初十，孝子岭古道一端的茅洋寺里每天会有多达几万人来上香请牒，这都源于这里独特的道教信仰。平日里，这两座寺庙都少有游人，古道上的人则更少。

TIPS

- 线路：北仑灵峰寺—茅洋寺
- 交通：宁波乘155路公交车到阿育王寺，车费2元，步行3千米到灵峰寺。
- 周边看点：九峰山、灵峰寺、东方恬园
- 美景指数：★★☆☆☆　难度指数：★★☆☆☆

乡野乡趣·文化古道

大岙岭古道

　　古道全长2000余米，岭两边山清水秀，空气清新。山道用鹅卵石铺砌而成，有石阶数百级。新中国成立前这里是樟村人出入宁波城的主要通道，也是浙东抗日根据地出入四明山的主要通道之一。

　　大岙岭古道又叫毛岙古道，它是过去连接樟村一带和宁波城的必经之途。上山的路程只有短短一段，刚找到一点爬山的感觉，就已到了最高点。不过这条路被列入宁波十大文化古道之中，毕竟有它的道理。

　　其一，这条路上，有很多可以探寻的古迹。经过章水烈士陵园—宝积禅寺—大岙岭—毛岙—翠山禅寺—大雷村，可以发现，老路上仍保留了很多古老的建筑，掩映在青山翠竹之中，非常安静。从这里再向前走一段路，山边路旁还有一处基督教堂，到了这里，就可以选择乘坐公交车到横街镇再返回市区了。

TIPS

- 线路：鄞州区横街镇毛夹岙村—章水镇。

- 交通　宁波丽园北路站乘630路公交车到横街，车费2元，然后转613路公交车到毛岙村，车费2元。

- 周边看点：它山堰、五龙潭风景区

- 美景指数：★★★★☆　　难度指数：★★☆☆☆

无乡趣，不乡村：宁波乡村旅游攻略

大松湾古道

大松湾古道，位于交坑大峡谷境内，这条"养在深闺"的原汁原味的大峡谷，溪水奔流，直下悬崖，在溪流旋涡中，银浪翻滚，自然地流入白龙潭、青龙潭、螺旋瀑等8个大小飞瀑龙潭。而大松湾古道蜿蜒穿行于峡谷之间，山路曲折，柔情缱绻，令人神往。古道以山、水、林、洞为形，以山为依托，形成大峡谷迷人的自然风光。据《鄞州志》记载，大松湾古道在明代万历元年（1573年）以前就已存在，当时人货往来，是龙观与鄞江集市之间的重要通道。

古道依山修建，宽约2米，全程约12千米，原来全由鹅卵石铺成，现在很多路段已被水泥路代替。沿着石阶向上，满目绿意，衬着蓝天白日，显得妙趣横生。在半山腰的上半山古村处抬头可见一片古树高耸入云，当地称为"神树"，合围粗的古樟、古枫比比皆是。腐叶满地，踩之如海绵，此地也是古代商旅休憩之地。可沿着蜿蜒的盘山路继续行走到半山珍稀植物园，直至"浙东天池"——观顶湖。

TIPS

- 线路：鄞州区龙观乡龙峰村里牌楼—观顶村
- 交通：宁波乘638路公交车到龙观学校下，车费4元，步行2千米到大松湾古道。
- 周边看点：中坡山森林公园、五龙潭风景区、它山堰。
- 美景指数：★★★★☆　难度指数：★★☆☆☆

乡野乡趣·文化古道

灵岩山古道

灵岩山，北起泗洲头镇下岼后村，南止下马岙村，是古时三门湾南海岸的人们通商、行走、文化交流之道以及军事要道。其海拔388米，古道横跨山麓，连绵起伏10余千米，被誉为"浙江第一壮观"。东临大海，三面皆低丘、港湾。因其崖壁陡峻，巨岩如鼓，玲珑奇兀，故有"灵岩山"之名。灵岩山巨岩壁立，林木参天，山花烂漫，谷深涧幽。自然风光秀丽，乡村风情浓郁。

灵岩山古道景点众多，有：倒流瀑布、天池、仙人洞、百步登云等，山上奇景迷人，令人叹为观止。古道入口有灵岩古寺，建于宋太平兴国初年（976年），后屡圮屡修，香火颇盛。如今行走于古道的人们，早已告别了繁重的生活压力，更多的是为了到达山顶一览三门湾美景。鸟叫声、虫鸣声和人们的说话声回荡在丛林之中，构成了生动而有趣味的景象。过去灵岩山又名舍身崖，即为舍身向善之意，寓意只有真正向善者，才能得道飞升。

TIPS

- 线路：象山县泗洲头镇下岼后村—下马岙村
- 交通：象山丹城乘车到泗洲头镇，再转车到岼前村
- 周边看点：灵岩山攀岩、茅洋民俗文化村
- 美景指数：★★★★★　　难度指数：★★★☆☆

无乡趣,不乡村:宁波乡村旅游攻略

栖霞坑古道

一个美好的名字所带来的想象恐怕比任何有力的宣传语更加吸引人,栖霞坑正是如此。桃花、梨花绽开的时节,一簇簇深红浅白映得整个山谷如同彩霞。在它童话般的遐想画面里,人们记住了这个小小山村的名字。

栖霞坑位于奉化溪口镇境内,是王羲之后裔的聚居地,原名桃花坑,是原新昌、余姚通往奉化、宁海的"唐诗之路"的必经地。漫漫200余千米的"唐诗之路",千百年来400多名文人墨客被沿途千岩竞秀、万壑争流、村野牧歌、清流舟伐和民情风俗所陶醉,一路上载酒扬帆,击节高歌。春秋两季是行走古道的最佳时节,桃花遍地是栖霞坑的一大特色,然而深秋季节,从四面山镇一路行来,红枫点缀山林,杉树金黄色的落叶铺满古道,浓烈而丰满的色彩使得这里拥有迥然不同于春天烂漫气息的成熟气息。或许,王氏祖先也在"诗路"上踏歌而行,因迷恋上桃花坑这一方水土,而在这里安居乐业,繁衍不息,造就了如今的栖霞坑。古老的道路,依附着诗的气息。

> **TIPS**
>
> ● 线路:奉化溪口镇西坑村—东姜村,奉化溪口镇栖霞坑—唐田
>
> ● 交通:宁波汽车南站乘车到溪口镇,车费11元,然后在溪口农用车站乘车到栖霞坑,车费4元。
>
> ● 周边看点:溪口风景区、岩头古村
>
> ● 美景指数:★★★★★ 难度指数:★★☆☆☆

芝林古道

芝林古村地处四明山北麓,境内山峦连绵,竹木茂盛,溪流纵横,有"浙东九寨沟"之美称。古道精华在于白岩溪,溪长约十千米,溪滩宽阔平坦,溪水清澈,仿佛人间仙境。古道位于芝林村中,是村民上山的必经之路,古村与古道相依而生,伴随着世代的古朴生活。过村后的枕木桥,白岩溪潺潺的流水声迎面而来,逐级而上,古道也向幽深的山谷中延伸而去,进入黛色一片的密林中。岸上的古道由石块铺筑而成,有些则是由山间自然裸露的岩石铺陈,经历岁月和雨水的冲刷,变得光滑圆润。其间不时有村民背竹下山,同古道的岩石摩擦拖出长长的尾音,萦绕在山间。这凝聚芝林精华的白岩溪和古道,是他们日日脚下的下山之路。

TIPS

- 线路:余姚大隐芝林村
- 交通:宁波汽车南站乘车到大隐,车费6元,然后步行2千米到芝林村。
- 周边看点:天下玉苑、河姆渡遗址
- 美景指数:★★★★★ 难度指数:★★☆☆☆

无乡趣，不乡村：宁波乡村旅游攻略

菩提岭

菩提岭古道位于宁波的"香格里拉"——雁村，自宋、元以来一直是鄞东大嵩通往奉化、宁海等地的主要通道。古道虽无往昔繁忙，但一路美景仍让人惦念，尤其是山顶上的最美风车公路。

古道就在村后，一路全由卵石或溪坑碎石铺成，全长约15千米，步行单程大约需要一个半小时。菩提岭名"菩提"，缘于岭巅东侧有"菩提禅院"。而今，禅院早圮，岭巅上唯留白云亭。白云亭小屋三间，石柱木梁，内置石凳，可供行人休憩。亭上是平冈，视野宽阔，站于绝顶极目远眺，奉化滨海、象山港帆尽收眼底。尽管禅院、关卡、亭子不复存在，菩提岭作为交通要道的历史也已渐行渐远，但梯田、竹林、茶园、游人，又给了它不一样的价值，就在古道快要被人遗忘的时候，其健身和观光功能被当代人挖掘出来，于是，山野林间，一条条古道被重新清理出来，成了人们追怀历史、亲近自然的好去处。就这样，死去的古道又活了，又热了。如今，它是美丽的桥梁，通往小桥流水人家的"香格里拉"。

TIPS

- 线路：塘溪镇雁村—奉化裘村
- 交通：从宁波乘620-2路公交车到童夏家村（雁村）；或乘620路公交车到塘溪站下车，再转乘区间车602路到童夏家村（雁村）。
- 周边看点：童第周故居，横溪大岙，陈婆岙，梅岭等地，古道附近有黄泥岭，九阔岭等
- 美景指数：★★★★☆　　难度指数：★★★☆☆

乡野乡趣·文化古道

北坑岭

北坑岭古道，位于宁波市鄞州区鄞江镇蓉峰村南。古道为南北走向，始于上木坑永丰亭，沿木阜山，顺阶而上，蜿蜒曲折，至山顶与奉化市交界处，古道的山隘处有一凉亭，自南顺阶而下，至奉化市江口镇后竺村。旧时，为奉化到鄞江镇的便捷通道。全长约为5千米的古道铺以石板或卵石，间或有天然岩石为路面。登山顶可远眺甬山寿宁塔，俯瞰鄞奉两地风光。

爬北坑岭不是简简单单爬个山就好了，倒是有种披荆斩棘的架势。当你穿过一片小树林，看到前方有一整片茶园，那就是北坑岭的开端了。穿过茶园前方的小径，其实是一条国家军事光缆道。一路上还能看到驴友留下的红丝带。常言道"上山易下山难"，北坑岭的下坡道虽只长百米但陡峭的坡度有近六十度。北坑岭轨迹不定，比较泥泞，容易迷路，所以爬北坑岭的话带上登山杖、手套和登山鞋会方便很多。

TIPS

● 线路：卖柴岙水库—北坑岭环线

● 交通：乘661-1路公交车到山水人家站下车，然后车站路站乘607-02路公交车到蓉峰村口站下车。

● 周边看点：鸿溪森林农庄、卖柴岙水库、天湖红水杉、天湖亭

● 美景指数：★★☆☆☆　　难度指数：★★★★☆

无乡趣，不乡村：宁波乡村旅游攻略

大嵩岭古道

　　大嵩岭古道地处瞻岐镇西城村，又名嵩岙古道，始建于明朝，是古时大嵩、咸祥居民向北通往沪、杭、甬的交通要道。大嵩岭宽约2米，长10千米，行人稀少，横跨于海拔550多米的福泉山麓之中，古道南面平且长，北面陡且短，路面全用鹅卵石铺设而成，沿溪而筑，溪上架设石拱桥4座，分别为甘露桥、龙头桥、马腰桥、柱岩桥。其中柱岩桥连接相邻的张家山和柱岩山，桥长77米，孔跨3.2米，高4米，桥下溪水湍急。

　　古道两侧铺天盖地满是没人的箬竹和半枯的长叶藓，这大概是古道鲜有人探访的缘故吧！刚开始的一程山道狭小，杂草丛生，但一路点探，不知不觉中风景开始异样了起来，风韵犹存的古石桥、婀娜多姿的青草碧树、澄碧晶莹的水塘和五颜六色的野花都显露了出来，更令人叫绝的就是古道旁那条叮咚咚、忽左忽右跳跃着的小溪，给探访者增添了几分快乐和灵气。可谓是：绵绵古道，步步是景；涓涓山泉，曲曲动听。

TIPS

● 线路：鄞州区大嵩—东钱湖区洋山岙村

● 交通：汽车东站乘坐620路公交车，到咸祥镇煤气站，车费6元；麦德龙乘660路公交车到大嵩西城，车费6元，然后步行一千米到大嵩岙。

● 周边看点：甘露寺、龙潭坑、马鞍

● 美景指数：★★★　　难度指数：★★☆

乡野乡趣·文化古道

张家岭

张家岭古道隶属塘溪镇,贯通上城村与童村(象峰点),具有近千年的历史,是早期赤堇山里人(童村、上周村、童夏家村)的交通运输要道。如今,经过重修与开发的张家岭古道,基础设施完备,引来了众多户外爱好者热情的身影。

古道全长3.5千米,徒步行走约2小时,路面多为砂卵石,宽度1米左右。古道边有一条山溪坑,与两旁绿荫交相辉映,越往深处越令人迷醉,大致半小时后就能登上岭巅。岭巅有一座名为"张家亭"的亭子,于原址重建,亭外有一指路标,分别指示上城村、象峰村和东山村,继续穿越古道能发现怪石倚路,竹树横道,一步一景,十步一奇,可满足探幽者和探险者的好奇心。在接近象峰村的路上,透过苍翠山头,还能望到塘溪镇明珠——梅溪水库。远远望去,山间的水域如一块碧玺安放在绿色的绒布上。回眸时,古道又遇到了溪水,流水跳跃过溪坑里凸起的石头,欢奔而下。此刻满山的诗情画意好似从登山人的足下缓缓流淌开来,流向张家岭古道沿途的风情里。

TIPS

- 线路:塘溪镇上城村(北)—童村象峰点(南)

- 交通:从宁波坐620-2路雁村线公交车到童夏家村(雁村),或乘620路公交车到上城上凉亭或上城站下车。

- 周边看点:沙孟海文化公园、沙氏故居、上周村和童夏家古村两个4A级景区

- 美景指数:★★★★☆   难度指数:★★★☆☆

无乡趣，不乡村：宁波乡村旅游攻略

寻芝岭古道

寻芝岭古道于建岙村上唐始，全长2500米，沿山而上，西行直至章水章溪村。该道自山脚至山顶段属鄞江镇地域，山之西面古道为章水镇地域。抗战时期，建岙是革命根据地，寻芝岭也是"三五支队"的秘密驻地之一。

时光流转，行走在这条古道上的步伐也不再沉重，"绿阴隐隐无层数"的景致才有闲情逸致来赋予其想象。鹅卵石路从建岙村一路铺上岭脚下亭，被岁月打磨得光滑温润，2米余宽的古道，仅容一、二人并肩同行，偶遇山民挑着扁担下山或散养的鸡鸭阔步游荡便需要侧身相让，这样的情景，总是有一股古风犹存的趣味。

从岭脚下亭沿阶石而上，古道虽不长，但一路陡峭，弯道众多，路两边各有一座山岭，分别是大锡山和梧桐山。密林深深，山泉、瀑布、山谷总在弯道后不经意地出现，移步换景，让人惊叹连连。古人将这一路变换不迭的美景誉为"寻芝八景"，分别为：锡峰夕照、龙石涧、复古晚钟、旗岙石湫、狮岑松涛、梧山积雪、双潭映月、象岩仙桥，其景丰富可想而知。

● **TIPS**

● 线路：鄞州区鄞江镇建岙村—章水镇章溪村岭下

● 交通：公交古林站乘604路公交车到建岙村终点站；公交鄞江站乘642路公交车到建岙村终点站；公交横街站乘608路公交车至建岙村（红卫桥），再转乘区间车604路、642路到建岙村终点站下车

● 周边看点：建岙古村

美景指数：★★★★☆　难度指数：★★★★☆

乡野乡趣·文化古道

茶园岭

  茶园岭坐落于宁波鄞州区雪岙村内,登山2千米左右,是通往玄坛殿的一条古道,周围群山环抱,风景优美,玄坛殿水库犹如一颗镶嵌在青山之中的绿珠。沿途茶园碧波、林密竹叶幽,尤其适合夏季攀登。茶园岭古道与附近大松湾以及阳堂古道是相通的,也可选择回头,是一条比较轻松的线路,适合老年人徒步。

通天岭

  通天岭古道是先弯曲后直上的古道,气势不凡,加上茂密的竹林,视野开阔,风景优美,上石步街和溪坑,沿两条支路可一直到通天岭岗。通天岭是原镇海县到原慈溪县的茶马古道,沿山涧小溪而上,自然风光优美,路面多处铺就石板阶梯,陡峻难行。古道很长,长到从慈城镇的金沙村一直到慈溪的东埠头。古道四周茶园满陇,竹海如云,树木茂盛,还有千年古刹洞山寺,香火旺盛。

TIPS

- 线路:鄞州区雪岙村—龙溪村玄坛殿

- 交通:宁波市区乘638路公交车到龙观乡文体活动中心站,转乘673路到雪岙村,步行至雪岙漂流售票处,按入口指示牌进入。

- 周边看点:"雪岙漂流"景区、石鼓门水库、神玄古道、桃山

- 美景指数:★★☆☆☆ 难度指数:★★☆☆☆

TIPS

- 线路:慈城金沙村—慈溪东埠头

- 交通:环城西路新星村站乘26或337路公交车到慈城站,转乘336路公交车直达金沙村。

- 周边看点:达蓬山旅游度假区、九龙湖旅游度假区、方家河头古村

- 美景指数:★★★☆☆ 难度指数:★★★☆☆

无乡趣，不乡村：宁波乡村旅游攻略

黄泥岭

　　黄泥岭，建于清代，是一条有几百年历史的古道，位于著名昆虫学家周尧的故里——上周村，全长约3千米。整个古道为卵石路面，翻过岭就是奉化松岙镇。俗话说，在山靠山，养山吃山。过去上周村的农民就通过这条古道，用山货换象山等地的鱼货。

　　黄泥岭，顾名思义，此山多黄泥。入口有一段水泥路，道路两旁仍有民居，左侧为一新建的二层小楼，右侧则是一砖木老宅。据村人讲，村里考虑到村民劳作出入，几年前把古道入口一段修成了水泥路。走尽了民居，路面也变回了期待中的古朴原味，踩在卵石上，从脚底传来大自然的呼唤。古道右侧是深约1米的溪坑，一路上岭，溪水叮咚，几只家鸭浮在水面打着盹儿。这条周尧故居附近的古道，是少年周尧最爱来的地方，他常常沿着岭道捕捉昆虫，这里的一只蝴蝶或一只瓢虫都为其后来的成就打下了基础。一行人追随着林中时有的蝴蝶，踏着周尧奔跑过的路，向古道出口挺进。人说，有蝴蝶的地方都是美景，飞出蝴蝶的黄泥岭是最好的证明。

TIPS

- 线路：塘溪镇上周村—奉化松岙镇
- 交通：宁波市区坐620-2路公交车到上周村；或乘620路公交车到塘溪站下车，再转乘区间车602路到上周村。
- 周边看点：梅溪水库、周尧故居
- 美景指数：★★★☆☆　　难度指数：★★☆☆☆

乡野乡趣·文化古道

观音岭

　　观音岭旧称团瓢山古道，因"山有观音阁，阁有莲花宝座观音佛"而称观音莲径。观音莲径古道历史悠久，至今已逾千年，全长3000千米，呈"S"形盘旋而上。道路由鹅卵石铺就，路基夯实，历经沧桑变迁，仍保留着原有风貌。

　　从古刹金峨寺开始登山，沿路竹林茂密、灌木丛生、溪水潺潺、花草簇簇、怪石嶙峋、重峦叠嶂。道路时而平坦、时而陡峭、时而顺直、时而曲折，沿途观赏山势挺拔、群峰争高、幽谷滴翠的大自然美景，加之间或在路旁石条上小憩，足令登山者忘却履步疲倦，更感心旷神怡。

　　从观音阁向南可达山顶大佛，东面可远眺象山港，南边可俯视鄞奉交界，往北可遥望隐约可见的宁波城。

　　观音阁坐落在峰峦冲天、云雾缭绕的团瓢山山岙之中，坐西朝东，是在原址上新建的，殿内的一尊五吨重的玉观音系从缅甸运送而来。

TIPS

● 线路：鄞州区横溪镇金峨村—观音阁

● 交通：宁波汽车东站乘629路公交车或宁波七塔寺乘111路公交车到横溪终点站，转乘611路公交车到金峨寺站下车，按入口指示牌进入。

● 周边看点：茶地岙水库、香岱庵遗址、佛缘石刻、云水天桥、鄞州林场、唐墙宋井等古迹新景

● 美景指数：★★★☆☆　　难度指数：★★★★☆

无乡趣，不乡村：宁波乡村旅游攻略

北山游步道

北山游步道的起点在庄桥街道灵山村，自东向西绵延经过保国寺、荪湖、毛岙、金沙、环英雄水库周围山脉，终点在慈城镇五星村，全长约62千米。根据规划，这条步道内还有林间休闲道、滨水休闲道、水果采摘道、主题古驿道等，人们称赞它是"百里休闲绿道"。步道按功能分类有四种，精品道和散步道主要服务于休闲、观景的人群，最适合中老年健身人群作为健步道；旅游道坡度较大，适合年轻人探险。整条步道把庄桥街道、洪塘街道以及慈城镇范围内的群山串联起来，区域总面积50平方千米，覆盖了江北区5万亩山林，串联了保国寺、慈城古县城、五星绿野山庄3个国家4A级景区，并对沿线的15个行政村形成辐射。

TIPS

- 线路：江北区保国寺—慈城镇五星村

- 交通：慈城公交站：可乘26、331、335、336、337路公交车；
  保国寺（灵山村）公交站：可乘332、338路公交车前往；
  荪湖水库站：可乘338路公交车前往，市区可先坐305路公交车到终点站洪塘中路站后再转乘338路公交车。

- 周边看点：保国寺、慈城古县城、五星绿野山庄等。

美景指数：★★★☆☆　难度指数：★★☆☆☆

乡野乡趣·文化古道

秦夹岭（岙）

据《镇海县志》记载，秦夹岙即今秦夹岙村，相传秦始皇东渡取长生不老之药，路过此地。每月初五，三圣殿水库的水位都会回落，此时水库的周边就会惊现一条古道，通向水库的最深处。当地文人为纪念这一史迹，把原歊山改为"秦山"，故称秦夹岙村。现有居民100余户，300多人。古村四面环山，竹林如海，青山绿水，环境幽雅。在村里有二十几幢用卵石砌筑的民居，是明代时期的建筑。村口有一座明代卵石拱挢，桥长7.3米，所用的每块鹅卵石都经过精心挑选，基本形状为底大头小，以达成完美的拱形。从桥下看如片片鱼鳞，从桥脚看如鱼尾双吻，古朴浑然，外形美观。

秦夹岙古道是原镇海县到原慈溪县的茶马古道，腹地狭长，道边除了山林就是天空，山天交融，登山过半便云雾缭绕，珠湿衣襟。途经蚂蝗潭、救命亭、金沙村，再由防火道回秦夹岙，全程5个小时左右。一年四季温暖宜人的秦夹岙，环境幽雅，可让人在爬岭中忘却烦忧。

TIPS

● 线路：镇海九龙湖镇秦夹岙村——慈城金沙村

● 交通：宁波汽车南站乘1路公交车到路林市场，然后从路林市场转乘382路秦山支线公交车到三圣殿站。

● 周边看点：九龙湖旅游度假区、慈城古镇

● 美景指数：★★★★☆   难度指数：★★☆☆☆

无乡趣，不乡村：宁波乡村旅游攻略

虾蜡龙潭森林步道

虾蜡位于北仑白峰镇，是北仑众多森林步道中的精品线路之一，青山绿水、幽潭飞瀑。龙潭位于森林步道的下游，一道道飞瀑从石岩中飘落下来，冲入龙潭，清凉宜人，潭水波平如镜，仿佛万古未动，与两边青山相映照。

上王自然村指示牌上有虾蜡龙潭森林步道线路图，标注了具体路线及沿途的景点。为了美观，整条森林步道采用多种材质、多个花色组合拼接。步道全长6千米，起点位于虾蜡的长水流水库，途经灵神庙、天打岩、大烂地水库、"钓岸龙王"阁台，终点抵达柴桥甘溪、上阳太平岙等地，最高处海拔约500米，沿途山路盘桓交错，细水涓涓，山上云雾袅袅。在山顶上眺望，北仑港、梅山岛、象山港等景色一览无余。

TIPS

● 线路：北仑白峰上王村—柴桥

● 交通：公交车712、715路，在上王站下车，从过堰池，沿山路上山。
　　　　自驾约40分钟。沿太河路直行，到沿海中线梅山大桥处直行，约3~5分钟左转即可到虾蜡或上王。

● 周边看点：九峰山、洋沙山

● 美景指数：★★★★☆　难度指数：★★★☆☆

乡野乡趣·文化古道

裘石宋古道

　　裘石宋古道，有近五六百年历史，横枕在余姚市四明山境内，全长3.5千米，穿过宋岙、石笋与裘岙三个方姓村庄。因此，裘石宋古道又称为省亲线。

　　因这条古道位于与四明山脉平行的姚江，沿着山脉东向而走，过了宁波，直入东海，于是，这条古道便成为浙东文明源头的一道风景线。在穿越古道之前，看看陆家埠的美丽风光，是非常难得的。这里是"三里邮亭路，烟留午时尘"的繁华街市，这里也是孕育河姆渡文化的四明山脉脚，无论如何，停下来看看。古道上尘封的故事，也随着游人的到来被再次唤起。古道的尽头，是狮山的钟秀美景，别样的四明山巅，有竹海飘摇，把整座四明山脉都随风摇起来了。

TIPS

- 线路：余姚市陆埠镇宋岙村—余姚市陆埠镇裘岙村

- 交通：余姚乘611路（陆埠方向）大隐站上车到黄土岭站下车，转车余姚616路到宋岙站。

- 周边看点：石笋村番薯节、河姆渡遗址、陆埠虹岭古道

- 美景指数：★★★★☆　　难度指数：★★☆☆☆

129

无乡趣，不乡村：宁波乡村旅游攻略

龙宫古道

龙宫村建于北宋宣和年间，地处宁波宁海县天台华顶山北麓，有一千多年的历史。村内有陈氏宗祠、大洩潭、石窦潭，传说蛟龙就藏在这幽深的岩洞里，还不时地在水潭里翻腾着，腾云驾雾，及时行雨消旱，使龙宫村人民丰衣足食。所以，人们把此潭视作水晶宫，村名龙宫也由此而来。龙宫古村保存着古民居、古祠堂、古道、古桥、古木、古庵庙等古迹，是全国重点文物保护单位，村内更以清溪、瀑布、深涧而闻名。古道是龙宫通往宁海黄坛瓦窑山村的古驿道，历史悠久，四周群山环抱，满目青黛，道旁溪水淙淙，清澈见底，有说不出的惬意。

TIPS

- 线路：宁海县深甽镇龙宫村

- 交通：从宁波汽车南站乘中巴车到宁海梅岭镇，然后从梅岭镇转车到龙宫村。

- 周边看点：宁海深甽森林温泉、胡三省故里

- 美景指数：★★★★☆　难度指数：★★☆☆☆

南山古道

南山古道，泽雅人叫南山岭。南山之名始于唐咸通年间，有从天台来的行脚僧在此立寺筑塔，明洪武初年（1368年）改称南山寺。在泽雅南面的山上，正对旧日泽雅两溪交汇处，这里溪面开阔，田畴广阔，是旧日泽雅最广袤的一片田野，泽雅人唤作南湖垟。沿着泽雅水库公路，找到南山岭的路基，沿途风光无限，有刘大侯王庙、潘庄路亭、金色村庄、潘庄剿匪战斗旧址、潘庄镇武宫、黄山宫、黄山溪，景点颇多，漫步在如此曼妙的自然古道上，当然不觉疲累。

千百年来文人墨客在南山或纵情山水，或访古探幽，留下数以千计的锦绣诗文。南山古道从山脚绵延至山顶，石板溜道是当时工匠们为了减轻劳动强度，用来溜索开采的石板而铺就的，如今南山苍苍，依稀从林间的痕迹中还能一窥所隐藏的悠悠故事。

> **TIPS**
>
> ● 线路：奉化区溪口镇西坑村—东姜村
>
> ● 交通：宁波汽车南站乘中巴车到奉化东站，然后步行2千米到南山。
>
> ● 周边看点：雪窦寺、溪口风景区
>
> ● 美景指数：★★★★☆　　难度指数：★★☆☆☆

无乡趣,不乡村:宁波乡村旅游攻略

南岙湾古道

南岙湾古道位于余姚大隐云溪寺至鄞州横街镇石岭村间,在云溪禅寺的西南面,该古道长约10千米,稀有行人,保存完好,古道两边青山绿水,竹林茂盛,山涧溪水湍急,水在岙间绕。南岙湾古道如同一道筋脉,深植于山野的肌肉与皮表,牵扯于峻冷的山岙之间。

从宁波余姚大隐云溪寺到鄞州横街镇石岭村途中,有一座云溪禅寺,原名圣寿院,始建于晋代,距今1700年。寺前樟树夹道,溪水湍急,青山环抱,茂林修竹。清余道《云溪禅寺》云:何处寺藏深竹里,晚凉天气坐谈禅。

> **TIPS**
>
> ● 线路:余姚大隐云溪寺—鄞州横街镇石岭村
>
> ● 交通:从宁波汽车南站乘中巴车到大隐,然后步行2千米到云溪禅寺。
>
> ● 周边看点:横街镇境内有凤凰谷、四明山居、浙东大竹海、红色古道、横街革命史迹陈列馆等景点
>
> ● 美景指数:★★★★☆   难度指数:★★☆☆☆

乡野乡趣 · 文化古道

倒爬岭

倒爬岭古道，顾名思义，即一条要倒着走、由上至下的山道，位于慈溪五磊寺前笔架峰，西南双峰对峙，形成一道天然的门阙，山势苍莽雄浑但又山清水秀。起点为五磊寺，终点是余姚三七市，全长1700米。它是"翠屏十八岭"的一岭，因山路陡峭多曲折，又叫九曲岭。有人说它是官道，那是因为慈溪设县前，老县府就设在山南慈城，这是连接山南与山北的唯一捷径，也是旧时人们从慈溪到余姚常走的古道之一。

倒爬岭是陡而险的，被誉为慈溪最难爬的山道。由于山路的坡度实在过大，按正常的走法下山太过危险，很多人不敢，只好倒着爬下山。但也正因为难爬，道内山谷溪水交相辉映，奇石怪潭随处可见，沿途树木葱茏，景色宜人。古道以两边种植的梅花为主特色基调，重现了"十里梅花径，落英飘溪涧"的美景。四周群山环抱，环境幽静，沿途有成片的竹林。

倒爬岭古道特别适合于秋季攀登。翻越倒爬岭顶就是五磊山风景区所在地。

TIPS

● 线路：宁波—五磊山风景区

● 交通：1、从宁波乘337路到二六市或三七市，转余姚602路唐李张支线到张方村下车。
2、自驾走沪杭甬高速，上虞下，再沿329国道直行，按路口指示牌行驶即可到达五磊山风景区。

● 周边看点：五磊山风景区

● 美景指数：★★★★☆   难度指数：★★★★★

无乡趣，不乡村：宁波乡村旅游攻略

栲栳山古道

"秀色团团如栲栳，孤高端可压群山。藏云蓄雨无踪迹，怨鹤啼猿自往还。"这说的正是位于慈溪上林湖的南首的栲栳山——国家登山健身步道。步道全长45千米，主峰海拔424米，山上绿树成荫，涧中飞瀑轰鸣。

栲栳山的一山一水，一石一木，全是大自然的神工造化，绝无半点人工凿痕，就如同它的名字一样，原始而朴素。山分东西两峰，长年白雾茫茫。两峰间有一谷，谷底涧水湍急，这就是栲栳溪。行走约莫20分钟就能见到有名的栲栳飞瀑处松风谷，顺着古道一直往上可到东湾平原，此处被称为世外桃源，向下望去，溪水弯弯曲曲地急流涌下，如同一条白色的巨蟒盘踞在栲栳山上。这里距主峰海拔100多米，全程是野路，蹚泥路，跨小溪，穿竹林，开灌木丛，看到飘扬的五星红旗就是到顶了。站在山顶向南远眺，山峦起伏，树木郁郁葱葱；向北回望，秀丽的上林湖碧波荡漾，不觉让人心旷神怡。

TIPS

● 线路：栲栳山步道

● 交通：宁波市区于378路公交庆丰桥站上车，到龙山公交中心站下车，转慈溪201路到蒋家桥站下车，继续转慈溪226路到栲栳山站。

● 周边看点：鸣鹤古镇、上林湖

● 美景指数：★★★★☆　　难度指数：★★★★☆

茅洋环乡古道

茅洋环乡古道位于象山，全长50千米，山道、游步道、弹石古道并存。它起自蛎港埠，途经五狮山、荷花芯山、大雷山、白仙山等海拔500米以上的四座名山；支线分东、西首串联小岭古道、长坑岭古道、顺风岭古道、石鼓岭古道，沿线经十余个古村、老村，终于花墙村。

该古道将自然景观、文化遗存、古村落有机串联，可看、可游、可憩。步道穿越白仙山，白仙山号称"仙山"，山体庞大，岗峰起伏连绵，主峰白仙山540米。有5000亩的国有林场形成一个天然氧吧，终年云雾缭绕。在山顶观云海，云涛汹涌，状如大海，时而浓云涌来，人在其中，伸手莫辨；时而云开雾散，一碧千峦。南侧遥望蟹钳港，港湾中有百年官渡直通石浦码头旧址，港湾蜿蜒犹如卧龙入海。

TIPS

- 线路：象山南充村—花墙村

- 交通：从宁波东上高速，途经甬台温复线，从象山墙头S311高速口下，朝石浦方向，到达南充村。

- 周边看点：白仙山

- 美景指数：★★★★☆ 难度指数：★★★★☆

无乡趣，不乡村：宁波乡村旅游攻略

岭南古道

韩岭之南，金峨山与福泉山余脉交接处有一条幽深的古道，犹如仕女臂上的锦绣披帛绵亘在群山秀峰之中，它就是岭南古道。

岭南古道位于东钱湖镇韩岭村南的横街村，约5.3千米处。穿过韩岭老街，往南出村，有一座始建于北宋的广济亭，以前这里是过往行人的路标。三开间的亭子内设有石凳，供行人小憩，亭中至今还保留着几副有意思的对联，其中一联云："行行行行行且止，坐坐坐坐坐再走。"过广济亭，行走约两千米，便到了岭南古道的山脚下。这一路上有茶园、古寺、溪流。到了山顶再走上百余步，一大片翠郁的茶园豁然呈现在眼前，那是韩岭的"瑶池"，人在里面常常舍不得走了。循古道登高远望，东钱湖的景色尽收眼底。

TIPS

- 线路：东钱湖韩岭村—岭南古道

- 交通：乘公交车603、620、654、660、668路到韩岭东；或者乘公交车966路到韩岭老街下车，穿过老街至古道。

- 周边看点：东钱湖风景区，韩岭村（历史存留的韩岭老街、裴君庙、金氏宗祠、善应庵、雅梅故居、民国医院、老银楼、小沙井、花桐庙，还有改造后新建的花间堂、墅家、隈研吾大师设计的美术馆等）

- 美景指数：★★★☆☆　　难度指数：★☆☆☆☆

王甘岭古道

王甘岭古道位于奉化印家坑村，是过去奉化尚田至溪口的交通要道。这一区域山脉不高，徒步线路全部是原始古道线路。以尚田镇印家坑村为始发点，过王甘岭后到达萧王庙街道的东江村，总里程为4.5千米。古道两侧竹林茂密，环境良好，王甘岭垭口有凉亭一座，东江和印家坑分别建有石拱桥一座。古道与溪同行，一路徒步，处处是树荫，即使在炎炎夏日，不戴遮阳帽都不怕被晒，确实是一条不可多见的林荫古道。

TIPS

- 线路：奉化方家岙—印家坑

- 交通：乘公交181路到奉化公交西站下车，转乘奉化501路，从公交西站上车到许家村站下车。

- 周边看点：尚田精品草莓基地、印家坑石屋印象

- 美景指数：★★★☆☆　　难度指数：★★☆☆☆

乡野乡趣·文化古道

无乡趣，不乡村：宁波乡村旅游攻略

银坑岭古道

　　银坑岭古道位于奉化大雷山南麓的石门村，该村有800多年历史，与著名的溪口风景区相邻。村中有大大小小十个景点，吸引着古往今来无数文人墨客在此吟诗作画。而十景中的"银岭映雪"更是让不少去过的游人难忘。

　　该路线始发点为石门，途经周家岭、大雷山、高雾农场、石柱湾、大岭头、长龙头、白沙龙、银坑岭，总里程为13千米。主要看点有"浙东泰山"，海拔809米的大雷山，原始农村石门村等。走在这条路上，自然的原始之美，人文风情的原始之美会迎面拂过，带给你朴实无华却又迷人的独特感受。

TIPS

● 线路：奉化石门村—银坑岭

● 交通：从奉化501路（大堰公交站方向）公交西站上车到南溪口叉口站下车，转乘奉化512路到万竹场站下车。

● 周边看点：石门十景（一景"泥桥观鱼"、二景"盘松话古"、三景"羊岩闲眺"、四景"螺塔夕照"、五景"龙潭瀑啃"、六景"茭杯晚钟"、七景"海田弄月"、八景"雷峰插云"、九景"银岭映雪"、十景"南麓竹韵"）

● 美景指数：★★★★☆　难度指数：★★☆☆☆

乡野乡趣·文化古道

鄞奉古道（大岭头古道）

　　大岭头古道位于松岙东北，由松岙下街过福庆桥，经山下村后，全长约3千米。岭头原有两个小村，相距0.5千米。岭南边小村叫大岭头，大岭头原是十几户人家的小村，村民多姓沙或姓俞，该地属奉化地界。1956年，在遭受强台风袭击后，村民移居到山下。

　　这条古道可以说是当时松岙对外的一条重要商贸古道。松岙与鄞州塘溪两地的集市贸易往来频繁。松岙和塘溪人分别以农历每月初二、初三、初七、初八为集市日。当地有句俗话：赶三、八塘头街市。大岭头古道两旁山清水秀，景色迷人，一路上有龙潭、彩光奇云及黄龙岗的黄龙夕照、响水岩瀑布等胜景。

> **TIPS**
>
> ● 线路：松岙—大岭头古道
>
> ● 交通：公交车675路横溪广电站上车到裘村老车站下车，转乘奉化203路到上汪村下车。
>
> ● 周边看点：古烽火台、东山村的龙潭，红岩山在当地颇负盛名。金鸡桥，董庆桥是有名的古桥。黄金岙水库的石宕是几百年来采石留下的遗迹，气势磅礴，令人遐思。
>
> ● 美景指数：★★★☆☆　　难度指数：★★☆☆☆

无乡趣，不乡村：宁波乡村旅游攻略

日岭古道

　　日岭，一地双名，名曰日岭，也有叫日岭。地处大桥镇西的外应村，旧时是奉化县城通往县西的溪口、跸驻以及邻县新昌、嵊州的交通要道，往来行人不绝。现今，由于公路的修筑，加之汽车的普及，这条古道已渐渐失去了其重要性，也被人们冷落了。

　　日岭山不高，海拔250米，有石阶逶迤盘旋，间或以鹅卵石铺就，修筑得较为平坦。日岭之上有怪石傲然，独立苍穹，形如一妇女，东西两面望之都相同，人称日岭夫人。另外，日岭东西两坡原有朝晖轩和法华寺。朝晖轩是元朝时期江南著名文人戴表元、黄溍、赵孟頫经常聚会的地方。法华寺，在宋元时期香火鼎盛，寺僧众多，每当晨兴黄昏，钟磬声传播数里，故有"麓苑钟声"被后人作为剡源八景之一。只是由于年代久远，朝晖轩和法华寺早已倾圮，唯留名迹在后世了。翻过日岭古道就是里应村。

TIPS

- 线路：奉化外应村—里应村
- 交通：宁波汽车南站乘中巴车到奉化东站；转乘奉化15路公交车到外应村。
- 周边看点：中山公园、大兴山、乌鸦山步道
- 美景指数：★★★★☆　　难度指数：★★★☆☆

西周古道

　　西周古道位于象山县西周镇，全长16千米。跨过庆丰溪，来到初坑村口，走过田埂步入蒙顶山脚。早晨山雾永远蒙蒙的，那轻纱般的雾随风飘荡，把山笼罩在薄雾之中，给人一种置身于仙境之中的惬意。行走不久便会看见一座新修的山塘，那就是普塘了，大片的梯田还残留着秋收后的痕迹。

　　关山村依黄考溪而建，背靠清风寨森林公园，村内有一处大房是清代建筑，现在与散落在群山之间的其他古道一样冷清荒芜。又长又陡的石门岭对游人来说是一种考验，再向前爬，蜿蜒而行的古道开始平坦，一排排碗口粗的杉木列队般地欢迎着。因为浙东山区可用林材稀少，而杉木用途广泛，为方便伐取，山民喜欢就近种植，所以见杉见居。

TIPS

- 线路：象山西周镇初坑村—柴溪村
- 交通：从宁波东上高速，途经甬台温复线、象西线到达初坑村。
- 周边看点：儒雅洋村，以何恭房、友房为主要建筑群，在中心街北侧，南侧则是外姓和何氏分房建筑。可品耕读世家的风格。
- 美景指数：★★★★☆　　难度指数：★★☆☆☆

乡野乡趣·文化古道

茗山坑古道

茗山坑古道位于奉化市溪口镇白岩村西麓,全长5千米,海拔580米。旧时,是溪口经上白至中峰、兰田的必经之路,过岗西可达商量岗景区,东可经里村至鄞州区,南经东姜坑而下可至雪窦寺,如今其作为朝觐古道之一而备受信众青睐。

茗山坑古道,从上白村后大堰山水库起,沿途有:竹林庵的历史、龙王堂的灵验、弹子兄弟的故事、茗山龙潭的传说、水力发电的科普知识等人文景观;还有吊头岩、将军帽头、三台岩、硫磺岩、郭孔山脑、石明堂、木莲岩等自然景观。古道依坑溪逐阶而上,溪流源出商量岗,从中峰、桃花湾曲折而下,因山势陡峭,坑涧错落,由于季节不同,时而涓涓细流,清澈见底;时而条条白练,蔚为壮观。古道上可供观赏的植物品名多样,春夏之交,桃花和杜鹃盛开,绿披满坡,是踏青赏景的好去处;秋冬来临,云高气爽,红霜遍山,为登顶远眺极佳地。

TIPS

● 线路:溪口风景区—雪窦

● 交通:从宁波乘大巴到溪口客运中心,转乘奉化106路到雪窦山景区下车。

● 周边看点:雪窦寺、溪口风景区

● 美景指数:★★★★☆　　难度指数:★★☆☆☆

无乡趣，不乡村：宁波乡村旅游攻略

大雷山古道

大雷山古道位于奉化市尚田镇西部，林壑幽美，环境宜人。大雷山古道在2008年最受宁波市民喜爱的登山运动去处调查中榜上有名，总长20千米，这里有梯田、高山湖泊、油菜花、茶山、竹海，最美的景点是海拔600余米处的杨家堰南山茶场。

古道以杨家堰村为主入口起点，以畈头村为支线入口，途经大山、驻岩、张家坑、方家岙等村庄，并在此基础上进行巧妙地延展和串联。该线路不仅是一条健身之路，也是一条休闲游乐之道。这里群山叠翠，绵延起伏，山涧潺潺，碧水如镜，迄今还处于"峰顶无人迹，山中竹一片；早晚云自飞，只有樵夫见"的与世隔绝之中，未受污染，为一方净土净水。登上山顶一览众山小，方圆百里尽收眼底，可望东海象山港，可远眺宁波城市，可观奉化全貌。

TIPS

- 线路：杨家堰村—方家岙村
- 交通：公交车181路宁波火车站上车到奉化公交西站下车，转乘奉化501路到楼岩村下车。
- 周边看点：南山茶厂、张家坑（奉化最大的大毛筒曾出于此。这里有由别具一格的竹棚、竹亭、竹牌楼打造的竹海山庄。另外，还可观龙潭坑飞瀑流水，潭坑中还有"一心桥""一心庙"等10余个大小景点）
- 美景指数：★★★★☆   难度指数：★★☆☆☆

羊额古道

羊额古道，建于南宋嘉定年间，已有780余年历史，一直为梁弄南通大岚之要道，有天梯之称。据载，孙氏九世孙孙德玉与庆元德云和尚最为知交，因德云和尚主持杖锡寺，不便往来，二人便出资开凿羊额岭，岭旁岩壁凿有"羊额古道"四字。

古道全长约5千米，用块石砌成，宽约2米。两边山崖陡峭，竹木参天，鸟雀啁鸣，兰草喷香，涧底流水潺潺，美如琴声。雨天，岭上烟雾弥漫，人如在云中行走。登岭眺望，梁弄山水尽收眼底。传说有仙人丹丘子在这一带修道牧羊，更增添了古道的神秘。

古道东面，有岙曰北斗湾，内有众多山涧小溪，最大的一条称涧水岩溪，水清澈寒冷，溪中栖息着国家二级保护动物蝾螈。在湾口，有摩崖石刻，镌刻一个"佛"字，下面刻有百余个小字，记载了建造羊额岭庵事迹。古道悠悠，北斗湾生态环境完好，是休闲旅游的好去处。

TIPS

- 线路：余姚梁弄镇让贤村—羊额古道
- 交通：余姚515路外埠头站上车到余姚汽车南站下车，转乘余姚509路到白水冲景区站下车。
- 周边看点：浙东抗日根据地旧址群、北斗湾漂流
- 美景指数：★★★★☆　难度指数：★★★☆☆

无乡趣，不乡村：宁波乡村旅游攻略

北溪丹枫古道

　　北溪丹枫古道位于余姚北溪村，通往梨州古道，是由会稽至四明通天合这条古代唐诗之路的必经之路。古道夏天浓荫蔽日，秋天丹枫似火，宛若长龙蜿蜒盘旋于群山之中，蔚为壮观。唐代诗人刘长卿、皮日休、陆龟蒙等都曾在此寻觅流连。古道存有古树数棵，分别为古银杏、古枫树和古枫杨，均具有500年以上的历史。

TIPS

- 线路：余姚北溪村—丹枫古道
- 交通：公交638路（五龙潭方向）到官池小区站下车，转乘617-6路鄞江镇政府站上车到黄龙潭，步行6千米到北溪丹枫古道。
- 周边看点：卢氏宗祠追远堂、文昌阁、天兴庙、四明山北溪漂流
- 美景指数：★★★★☆　　难度指数：★★☆☆☆

乡俗乡愁·农事节庆

无乡趣，不乡村：宁波乡村旅游攻略

九峰山梅花节

北仑九峰山梅花素以"古、广、奇"三绝闻名天下，是浙江省面积最大、品种最多的梅花观赏基地，在全国也是首屈一指。每到早春二月，梅花盛开时，九峰山网岙景区都举办盛大的梅花节。梅花节期间游客们可观赏到九峰梅园近100亩6000余株各色各异的梅花及百年古梅、盆景、大型田景等精美之作，还可在景区内的梅影潭、梅花香径、流音阁、暗香亭、梅文化馆及梅花诗人人物塑像等景点留下自己带着梅香的倩影。

TIPS

- 时间：每年2月至3月
- 地址：北仑区大碶街道九峰山旅游区网岙景区

乡俗乡愁·农事节庆

宁波油菜花节暨宁海桑洲品茶节

【乡野赏花】

要看梯田状油菜花海,春天来宁海桑洲是不二选择。油菜花在层层叠叠的梯田状山坡上竞相开放,迷人的花香弥漫在整个山冈,还有那镶嵌在花海中古色古香的山野村庄……桑洲的独特风景美不胜收。油菜花节期间,游客还可以走走麻桑古道来感受历史,或依偎在参天古树旁安营扎寨,品一杯望海早茶,品尝传统美食桑洲麦饼。

TIPS
- 时间:每年3月至4月
- 地址:宁海县桑洲镇屿南村

无乡趣，不乡村：宁波乡村旅游攻略

东山桃花节

胡陈乡素有"七山二水一分地"之说，好山好水养出了漫山遍野的美貌桃花。东山桃园是宁海境内最大的桃花种植基地，拥有早、中、晚三大系列20余个品种的水蜜桃千余亩。阳春三月，和缤纷桃花来一次亲密接触，花儿朵朵盛开，游客穿梭不息，构成了一幅绝美的人面桃花图，当真是花不醉人人自醉。

TIPS
- 时间：每年3月至4月
- 地点：宁海县胡陈乡东山桃园生态休闲旅游区

四明山樱花红枫节

每到红枫红透和樱花绽放的时节,四明山各红枫樱花观赏点或旅游景点就开始邀请游客用镜头记录下一个神奇美丽、浪漫风情、变化无穷的四明山,特别是红枫樱花美景。中国最美红枫林、中国最大红枫生产基地、中国唯一红枫樱花之乡……再多美誉都比不上你的亲身所至、亲眼所见。四明山樱花红枫节还曾入选"中国十大花卉类节庆"。

【乡野赏花】

TIPS
- 时间:每年4月至5月
- 地址:余姚市四明山镇

无乡趣，不乡村：宁波乡村旅游攻略

欢乐佳田金秋葵花节

【乡野赏花】

深秋时节，欢乐佳田农场里百亩向日葵花竞相盛开，分布于园内各处的形态各异、扎制精美的"稻草人"，吸引了众多游人与其合影留念。在这个花花世界，于葵花节期间举办的一系列富有挑战与趣味的创意体验活动，令无数的大人和小孩，都能感受放松与欢乐。

TIPS
- 时间：每年9月至10月
- 地址：宁海县长街镇山头村欢乐佳田农场

乡俗乡愁·农事节庆

四明山（杖锡）樱花节

地处四明山心的杖锡村，海拔868米，终年云雾缭绕，是名副其实的避暑胜地。杖锡村现有樱花种植面积万余亩，是远近闻名的"樱花之乡"。樱花盛开时节，满山满树粉红一片，如云似霞。杖锡村引进了菊樱、绿樱、红大岛、吉野等25个新品种，保证了樱花节期间园内始终有樱花交替开放，至少可以将赏花期从4月中旬延长到4月底。游客还可以游古村、走古道、听走书、品春茶，从多个角度欣赏山乡之美。

TIPS
- 时间：每年4月份
- 地址：海曙区章水镇杖锡村

无乡趣，不乡村：宁波乡村旅游攻略

北仑玫瑰花海节

北仑农业园区内的丽盛玫瑰庄园，是宁波地区规模最大、品种最全的玫瑰栽培基地，三面环山，茂林修竹，鸟语花香，空气清新，自然环境非常优美。玫瑰花海节期间，游客们可尽情观赏100多亩因势而种的近400个玫瑰品种，数十万株娇艳芬芳的玫瑰在风中美丽绽放，犹如绚烂云霞装点着这美丽的魅力港城。在现场，品尝私家牛排，参加玫瑰手工制作等活动也是花海节的亮点。

TIPS

- 时间：每年9月至12月
- 地址：北仑区北仑现代农业园区丽盛玫瑰园

乡俗乡愁·农事节庆

龙观桂花旅游文化节

【乡野赏花】

　　龙观种植桂花的历史由来已久,早在明洪武年间,这儿的农民就开始在自家庭院种植桂花。至今全乡10个行政村,村村种植了桂花,公路两旁、田间山坡、房前屋后皆是桂花,每到金秋赏桂季节,金桂、银桂、丹桂竞相怒放。龙观的金桂以李岙村的最为有名,每年的金桂文化节时,在桂花观光园区赏桂,品尝桂花糕点和桂花茶,观看民俗表演,颇有乐趣。还可结合五龙潭观瀑、青云峡漂流、雪岙漂流等当地特色项目,在金秋的桂花丛中享受一次难得的色香俱全的假期。

TIPS
- 时间:每年9月至10月
- 地址:海曙区龙观乡李岙桂花园

荪湖花海旅游文化节

　　离宁波市中心仅10千米的荪湖,每年夏季来临之时,这里150亩的波斯菊如火如荼地盛开,吸引着各地的游客,这里是江北区打造的又一个美丽乡村景点。每年的花海旅游文化节期间,这里都会举行形式多样、群众参与性强的休闲娱乐活动,能瞬间点燃人们的花海旅游热情。

TIPS
- 时间:每年6月至7月间
- 地址:江北区荪湖大道侧

无乡趣，不乡村：宁波乡村旅游攻略

奉化尚田草莓节

尚田镇地处奉化区东南部，是"中国草莓之乡"。尚田草莓尤以冷西村的5000亩大棚草莓品质最为突出，被称作"奶油草莓"。香甜的草莓节期间，游客不但可以自驾来到尚田亲自采摘草莓，体验自己动手采摘的乐趣，还可以尽情欣赏尚田的乡村风光。

TIPS

- 时间：每年12月底至次年1月

- 地址：奉化区尚田镇冷西村

天宫庄园桑果节

【田园采摘】

　　4月底至5月底是桑果的成熟采摘季节,也是宁波乃至周边地区游客踏青的好时候,每年的这个时间位于下应街道湾底村的天宫庄园都会举办以"快乐农庄,紫色诱惑"为主题的桑果节。天宫庄园是目前宁波市最大的桑果种植基地,占地面积30多万平方米。采摘桑果之余,景区内还设置了烧烤区,让游客同一时间尽享新鲜桑果和香喷喷烧烤的好滋味。参观植物世界、服装博物馆,到西江古村看看蚕丝被是怎么做出来的,桑果节期间,游客们休闲娱乐项目的选择多多的。

TIPS

- 时间:每年4月至5月
- 地址:鄞州区下应街道湾底村天宫庄园

无乡趣，不乡村：宁波乡村旅游攻略

洞桥八戒西瓜节

夏日炎炎之际，能吃到皮薄、瓤甜、多汁的"八戒"西瓜可谓美事一桩。说起洞桥镇的"八戒"西瓜，宁波人无不竖起大拇指，洞桥"八戒"西瓜名闻天下，不仅是国家级无公害产品，还是浙江省十大名牌西瓜之一、宁波市名牌产品。在西瓜节上，吃瓜、挑瓜、玩瓜、猜瓜，还有西瓜相亲会等活动，都早已不是新鲜事，但其中的乐趣却是每年都有的。

TIPS

● 时间：每年5月份

● 地址：海曙区洞桥镇

乡俗乡愁·农事节庆

【田园采摘】

丹山赤水柿子节

　　丹山赤水景区所在的大岚镇柿林村盛产柿子，所产柿子果色艳丽、肉质柔软，至今已有400多年历史。现全村有参天合抱的柿树百余棵，其中树龄最长的已达300多年。每年晚秋时节，丹山赤水景区都会举办一年一度的柿子节，游客可以摘吊红、游柿乡、购山货、品土菜，充分体验金秋季节的四明山乡风情。

TIPS

● 时间：每年10月份

● 地址：余姚市大岚镇丹山赤水景区

无乡趣，不乡村：宁波乡村旅游攻略

新桥枇杷节

新桥镇有着悠久的枇杷种植历史，枇杷种植面积近万亩。新桥枇杷以"白沙"品种为主，色泽浅黄、果皮嫩滑、口感细腻、酸甜兼顾，深受大众喜欢。摘枇杷、游影城、住农家，体验枇杷文化——新桥枇杷节曾入选"全国节庆百强"。

TIPS

- 时间：每年5月至6月
- 地址：象山县新桥镇高湾村

梁弄樱桃节

梁弄是宁绍地区传统短柄樱桃的发源地和主产地，随着旅游业的发展，逐步引进了黑珍珠等樱桃品种，延长了樱桃采摘时间。梁弄的乡下几乎每家每院都种有樱桃。驱车前往梁弄，亲手采摘美味可口的樱桃，或者在每年3月份的时候观赏樱桃花盛开的美景，徜徉于花海，忘怀于乡间，玩转于梁弄的巷里巷外，仿佛来到了世外桃源。

TIPS

- 时间：每年4月下旬至5月上旬
- 地址：余姚市梁弄镇

中国余姚杨梅节

一句"余姚杨梅中国红"，喊出了余姚杨梅文化的底气。余姚是我国杨梅的发源地之一，以荸荠种、粉红种和西山白杨梅三大名品著称，是"中国杨梅之乡"，唯一被列入实施国家原产地域产品保护的杨梅产地。一年一度的中国余姚杨梅节曾入选"中国改革开放三十年，影响中国节庆产业进程30节""中国十大物品类节庆"和"全国十大果品节庆"。

TIPS

- 时间：每年6月份
- 地址：余姚市三七市镇、梁弄镇、丈亭镇、河姆渡镇等

乡俗乡愁·农事节庆

慈溪杨梅节

[田园采摘]

"六月杨梅，城西烂紫霞"，每年的夏至后，宁波慈溪南部的群山翠岭上，沉甸甸的杨梅挂满树梢，凝翠流丹。慈溪素有"中国杨梅之乡"的美誉，慈溪杨梅以名闻遐迩的"荸荠种"和"早大种"为主，果大、核小、色佳、肉质细嫩、汁多味浓、香甜可口。杨梅节是慈溪最重要的节日，每年都会举行一系列丰富多彩的活动。

TIPS

- 时间：每年6月中旬

- 地址：慈溪市横河镇梅园村

中国（奉化）桃文化节

溪口古镇的风里流淌着水蜜桃特有的芳香，是中国奉化水蜜桃之乡的"第一镇"。水蜜桃节期间，游客在赏桃、摘桃、品桃的同时，还能畅游岩头古村、走马楼等历史古迹，品尝农家土菜，体验惊险刺激的古村漂流，探寻宁波市饮用水源地。另外，蜜桃诗会、海峡两岸青年成人礼等一系列特色活动也是内涵良多、精彩纷呈。

TIPS

- 时间：每年3月至9月

- 地址：奉化区溪口镇新建村

无乡趣，不乡村：宁波乡村旅游攻略

【田园采摘】

慈溪周巷蜜梨节

慈溪周巷镇是"中国黄花梨之乡"，蜜梨产业是周巷农业的支柱产业之一，更是周巷的"金名片"。"润昌"牌蜜梨曾获中国国际农业博览会金奖。周巷蜜梨以早熟翠冠梨和黄花梨为主，已形成了千亩优质早熟蜜梨基地，近年来引进"518"新品种，还新建了蜜梨精品园。每年蜜梨节期间举行自驾梨园采摘、优质蜜梨评选等活动，吸引游客络绎不绝来此品梨。

TIPS
- 时间：每年8月份
- 地址：慈溪市周巷镇

九龙湖葡萄节

都说新疆葡萄好吃，可是好多人吃了九龙湖的葡萄连皮都舍不得吐。九龙湖葡萄节是宁波人民最喜爱的十大乡村节庆活动之一。葡萄节期间，3000多亩的葡萄园，25个葡萄品种，甜度平均16度、最高达到22度的葡萄，敞开了怀抱迎接四方游客。翠绿欲滴的绿宝石葡萄，色彩斑斓的九龙玉葡萄，经典的紫水晶葡萄……不怕你吃不够，就怕你挑不好！吃够了葡萄，还可以参加九龙湖泛舟、泼水狂欢、自酿葡萄酒等各种活动。

TIPS
- 时间：每年7月至8月
- 地址：镇海区九龙湖旅游度假区

乡俗乡愁·农事节庆

【农家美食】

宁海（越溪）跳鱼节

  跳鱼俗称弹涂鱼，因它习性狡猾，弹跳力极强，喜欢在潮水退后的海滩上跳跃而得名，在宁波沿海各地均有产，尤以宁海越溪一带最为著名。越溪乡是浙江省最大的跳鱼养殖基地。跳鱼味极鲜美，兼具暖中益气、补肾壮阳、活血解毒之功效，被喻为"水中人参"，也是宁海小孩开荤的首选，因有着吃跳鱼开荤的小孩摔倒头不着地的说法和习俗。在跳鱼节上，有开荤仪式、垂钓比赛、农家盛宴等活动，每场活动都是热闹非凡。

TIPS

- 时间：每年10月至11月
- 地址：宁海县越溪乡

无乡趣，不乡村：宁波乡村旅游攻略

象山白鹅节

　　象山是浙东白鹅的原种地和主产区，养鹅历史悠久，东陈乡是全县规模最大的肉鹅养殖基地。白鹅节活动的一大亮点是"开荤仪式"。在象山传统民情风俗中，小孩子开荤常喂以鹅头等鲜美之物，寓意小孩跌跤时会像鹅一样把头翘起来，不至于头颅受伤，也蕴含着抬头挺胸，出人头地的美好企盼。白鹅节上，精彩绝伦的鹅王擂台赛、农味十足的文艺会演、妙趣横生的鹅文化剪纸、美味诱人的全鹅宴……无不让来往的游客拍手叫绝。

TIPS
- 时间：每年6月份
- 地址：象山县东陈乡樟岙村

前童豆腐节

　　豆腐本是不起眼的凡俗之物，却在前童焕发出了新的生命光彩。除了名声在外的"前童三宝"——老豆腐、空心豆腐和香干之外，还有豆腐皮、豆腐包、千张等各色形态，品种齐全，蒸炒煎炸均宜，简直可以摆出一桌专属豆腐的满汉全席来。莫光顾着吃，自己也可以亲手学做新鲜豆腐，体验淳朴敦厚的古镇风情。

TIPS
- 时间：每年9月至10月
- 地址：宁海县前童古镇

乡俗乡愁・农事节庆

长街蛏子节

"中国蛏子之乡"宁海长街濒临三门湾,区域里风平浪静、潮流畅通,常年有淡水注入,滩涂平坦,且涂质松软肥沃,咸淡适宜,生物饵料品种丰富,是蛏子养殖的天然港湾。长街蛏子个大壳黄,肉厚鲜甜,异常肥美,有"西施舌"的美称。蛏子节上除了能吃到最新鲜的正宗长街蛏子之外,还能自己体验一把当渔民的乐趣,享受亲手抓到蛏子的快乐。

【农家美食】

TIPS

- 时间:每年4月份
- 地点:宁海县长街镇

无乡趣，不乡村：宁波乡村旅游攻略

西周竹笋节

　　象山西周拥有16.9万亩山林，森林覆盖率达75%。尤其是儒雅洋山区，既享有千年古驿的美誉，又拥有蒙顶山"日月同辉"的天文奇观，7万亩浩瀚竹林勾勒出了独特的山区休闲旅游风貌。每年清明前后为竹笋盛产期，竹笋节应时而生。春游西周、竹乡探笋，游客在体验乡土民俗活动的同时，还可畅游儒雅洋村的古建筑，领略祠堂文化、感受伊家山的高山农家风情，还可以登临蒙顶，纵览西乡风光。

TIPS

● 时间：每年4月份

● 地址：象山县西周镇

浙东大竹海毛笋节

　　横街竹海群山环抱，竹意绵绵，空气清新，远离都市的喧嚣，是久居都市的人们亲近自然、放松心情的好地方。春暖花开时节去横街的理由，一定和毛笋相关。原生态的满山竹林里，一棵棵鲜嫩的竹笋露出了尖尖角，正是郊游挖笋的好时候。进竹海挖笋，在竹林间写生，玩高空溜索，留下一组组竹海风光照……横街毛笋节其乐无穷。

TIPS

● 时间：每年4月至5月

● 地址：海曙区横街镇浙东大竹海景区

牟山湖大闸蟹节

　　牟山湖是在几千年前自然形成的天然优质湖泊，水质条件达到了国家一级饮用水标准。当地所产的牟山湖大闸蟹是纯野生产品，具有个儿大、肉丰满、味美、膏厚、营养丰富等特点。在一年一度的牟山湖大闸蟹节上，会举行抓螃蟹、尝螃蟹、螃蟹王评选等活动。

TIPS

● 时间：每年10月至12月

● 地址：余姚市牟山镇

东钱湖湖鲜美食节

【农家美食】

宁波过去有句俗话："田要东乡,儿要亲生。"东乡的田,靠的就是东钱湖水。各种湖鲜也在这里自由吐纳、快活成长。这里的渔业十分发达,打鱼的情景是历代诗人吟唱的内容。湖中仅鱼类就45种之多,无泥腥味是东钱湖水产的一大特点。湖鲜美食节就是以东钱湖的"湖鲜山珍"为主要原料烹制各种菜肴,来牢牢抓住食客的味蕾。朋鱼、河虾、螺蛳、青鱼,这四味湖鲜是当地人的最爱,吃过这"钱湖四宝",才不枉来了一趟东钱湖。

TIPS

- 时间:每年11月份
- 地址:东钱湖旅游度假区

无乡趣，不乡村：宁波乡村旅游攻略

宁海森林温泉旅游节

宁海温泉是全国三大优质温泉之一，水温49.5℃，富含氢、锂、氟等20多种对人体有益的矿物质和微量元素。除了有丰富的温泉资源，这里群峰环绕，峡谷幽深，更是一个天然的超级"大氧谷"，是谓"华东第一森林温泉"。如此得天独厚的条件，自然受到全国各地游客的青睐。一边泡温泉，一边欣赏漫山遍野的苍绿，别提有多享受了。

TIPS

- 时间：每年不定期

- 地址：宁海县深甽镇南溪森林温泉景区

乡俗乡愁·农事节庆

【康体运动】

中国湖泊休闲节

说起湖泊休闲，总给人轻松愉快的幸福感。湖泊休闲理念正是宁波东钱湖的首创。东钱湖旅游度假区正是自然与人文、休闲与度假、绿色与生态的结合，在这里举办中国湖泊休闲节是最恰当不过的。中国湖泊休闲节以"湖泊休闲·幸福水岸"为主题，活动期间有湖泊休闲论坛、东钱湖龙舟赛、东钱湖美食擂台赛等精彩活动。新推出的"水上乐园星光夜场""田园篝火晚会""健行，夜泡温泉""夜骑东钱湖""福泉山观星露营"等系列活动，是点亮东钱湖的别样"月光游"。

TIPS
- 时间：每年10月份
- 地址：东钱湖旅游度假区

东钱湖龙舟节

龙王是神话传说中在水里统领水族的王，东钱湖这一片好水，龙自然要在此显耀。一年一度的龙舟节，让你一睹"钱湖龙"独特的风采。东钱湖赛龙舟不在端午而在秋后，据说是由于东钱湖人从业亦农亦渔，捕鱼亦湖亦海，而九月半则是旧时粮食收仓、人们即将出海捕鱼之时，此时赛龙舟，大有庆祝农业丰收、祈求出海平安之意，因此也可视为"丰收节""开渔节"。每年的农历九月初十，各路龙舟便在东钱湖聚会。次日早晨，观众便从四面八方云集到湖上赛场周边，兴高采烈地见证龙舟竞渡的得胜英雄出现。

TIPS
- 时间：每年农历九月十一、十六
- 地址：东钱湖旅游度假区

无乡趣，不乡村：宁波乡村旅游攻略

【康体运动】

鄞州古道文化节

　　鄞州区内山林风光秀丽，自然资源丰富，尤其是古道文化由来已久。昔日深藏在山间的古道，是山民出门劳作、往来通商的要道，而今却成了休闲健身的好去处。自2013年鄞州区举办首届古道文化节以来，每年秋冬古道文化节也成为宁波市民了解古道和鄞州乡镇生态的契机。届时，配合古道旅游，同时也推出各种公益活动、爱心文艺表演等等文化活动。

TIPS
- 时间：每年10月至11月
- 地址：鄞州区横溪镇

李家坑漂流节

　　章水镇李家坑村四面环山，风景秀美，历史底蕴深厚。此地的李家坑漂流，更是在每年夏天吸引着无数游客来此体验"浙东第一漂"的刺激。2014年在鄞州区旅游局、章水镇政府的大力支持下，"宁波首届漂流节"在李家坑漂流景区隆重开幕。此后每年夏季来临时，户外爱好者们可在节庆狂欢的活动中体验更多的漂流乐趣。

TIPS
- 时间：每年7月
- 地址：海曙区章水镇李家坑村

乡俗乡愁·农事节庆

"神奇大岚"茶文化节

余姚大岚茶叶始于汉、盛于唐,有着悠久的种茶历史。目前大岚镇拥有茶园面积2.5万亩,是浙江省第一大产茶乡镇,曾荣获"中国名茶之乡"称号。大岚高山茶叶素以"香醇、色绿、味浓"而著称,是绿茶中的精品。在为期一个月的茶文化节时期,该镇以茶为主题推出一系列旅游活动,游客不仅能悠然品茗赏画,还能欣赏丹山赤水美景。

【民风民俗】

TIPS
- 时间:每年4月至5月
- 地址:余姚市大岚镇

"三月三,踏沙滩"

"三月三,踏沙滩"是象山石浦人特有的民俗活动。每年的农历"三月三"时节,天气转暖,男女老少都到皇城沙滩捡辣螺、捡贝壳、放风筝、踏海浪……皇城沙滩上有各种民俗活动:渔歌对唱、舞龙灯、跑马灯、"辣螺姑娘"爬沙滩等,吸引了外地游客和本地人纷至沓来。当地老人也耐不住在这一天跟着晚辈赶到沙滩,重温昔日拾螺的场面。

TIPS
- 时间:每年农历三月三
- 地址:象山县石浦镇皇城沙滩

无乡趣，不乡村：宁波乡村旅游攻略

中国开渔节

　　庄严肃穆的祭海仪式、如意妈祖省亲迎亲仪式、妈祖巡安大会、千舟竞发的开船仪式……每年一届在象山举行的"开渔节"开创了中国独一无二的海洋庆典活动，具有浓郁的渔乡风情和海滨旅游特色，是中国著名民间节日之一。中国开渔节是以感恩海洋、保护海洋为主题，以渔文化为主线的海洋民俗文化类节庆。

TIPS
- 时间：每年9月份
- 地址：象山县石浦渔港

乡俗乡愁·农事节庆

前童元宵节

【民风民俗】

宁海人过元宵节通常是在正月十四。从这天下午开始,便有浩浩荡荡的游艺队伍走进古镇,鸣群锣、放铳花、舞狮、舞龙、秋千、旱船相互交融,还有为纪念明代祖先童濠的引水功德而完整保留下来的抬鼓亭习俗精彩上演。一时间鼓乐齐鸣,人声鼎沸,万人空巷,是在城市中难以见到的原汁原味的传统元宵节庆祝方式。来和众人一起祈祷丰年,祝福自己来年好运吧,还可品尝当地特色小吃及豆腐宴。

TIPS
- 时间:每年农历正月十四、十五
- 地址:宁海县前童古镇

无乡趣，不乡村：宁波乡村旅游攻略

"大堰之春"生态文化节

【民风民俗】

春暖花开之际，大堰镇西畈村一带梯田层叠，600多亩油菜田里，金灿灿一片，来自全国各地的游客们正穿梭在花丛中，赏花、摄影、写生、放风筝，记录大堰的春天气息。地处山区的大堰镇文化底蕴深厚，自然资源丰富，且保持了原生态风貌。春天，桃花、红枫、杜鹃、草籽花尽情绽放，争奇斗艳。

TIPS
- 时间：每年3月至5月
- 地址：奉化区大堰镇西畈村

滕头乡村嘉年华

滕头，拥有人文、自然、民俗、农耕之旅游资源。每年吸引数以万计的海内外游客前来观光旅游。目前，景区还推出了桨声灯影、烟雨汀江、石窗听戏、古渡放灯、水上婚礼、鸬鹚捕鱼、扳网抠鱼、徒手抓鱼、野鸭群飞、白鸽迎宾、小猪赛跑、坐马车、骑单车、外婆小吃等"寻梦外婆溪"系列旅游特色活动。

TIPS
- 时间：9月底至12月底
- 地址：奉化区滕头村

乡恋乡味·地道风物

无乡趣，不乡村：宁波乡村旅游攻略

余姚杨梅

唐朝，荔枝以"一骑红尘妃子笑"而名扬天下。到了明朝，徐阶却赞颂杨梅："折来鹤顶红犹湿，剁破龙睛血未干。若使太真知此味，荔枝焉能到长安？"可见对它的喜爱。能让明朝大学士倾心，杨梅自然有非凡之处——滚圆的个头，暗紫色的颗粒，一口咬下去，果汁从唇齿间喷溅开来，甜中带酸的滋味，让人停不下口。

余姚是中国的"杨梅之乡"，若要追溯历史，至少有两千多年了，甚至，根据河姆渡遗址的考古发现，余姚七千年前就有了野杨梅的痕迹，可说是源远流长。如今，"余姚杨梅冠天下"的美誉响彻海内外，采摘杨

梅也成了当地最受欢迎的活动之一，令人每每想起，就有望"梅"止渴、口水泛滥的欲望。当然，是馋的。

临山葡萄

临山葡萄，历史悠久，早在明嘉靖年间的《临山卫志》上就有记载，延续至今，已有五六百年，却未曾绝迹，还获得"千年临山卫，江南葡萄沟"的美誉。

流传百年，自然名下无虚。临山葡萄圆润多汁、甘甜爽口，每到雨水充沛的时节，滋味更上一层楼。当地人为了更好地种植葡萄，殚精竭虑，引进了先进的科学管理技术，不但提高了葡萄的产量，还开发了不少礼品装的鲜葡萄与葡萄酒，将葡萄的价值发挥到了极致。

每到七八月份，临山就成了周末采摘游的最佳去处。炎热的季节，葡萄藤却用自己的叶子撑出了一片清凉的天地。沉甸甸的葡萄串缀满木架，又圆又大的果实散发着诱人的香气，总是让人采摘到一半就情不自禁地塞一颗到自己的嘴巴里。

柿林柿子

每年入秋后，柿子逐渐成熟，由青转红，悬吊在树上，犹如一只只小巧可爱的小灯笼，极为美观，故宁波一带称其为"吊红"。而宁波最有名的"吊红"，就在余姚柿林村。

柿林村曾因村庄周围被大片岩峙包围，而叫峙岭，后因出了科举文人，改叫士林。如今，柿林村的柿子远近驰名，索性又叫了柿林。好在字有别，音相若，倒也不容易混淆。

长长的青石小路，红色的岩石，随处可见一张张淳朴的笑脸和一株株缀满红色果实的柿子树，这便是秋天柿林村中常见的景色。将红通通的"小灯笼"从树梢上摘下来，迫不及待地剥开薄薄的皮，入口柔软多汁、蜜般香甜，那柔软甘甜的柿子肉中还夹着Q弹的果肉，甜丝丝又美滋滋，直叫人欲罢不能，吃到满手都是红艳艳的汁水。

无乡趣，不乡村：宁波乡村旅游攻略

瀑布仙茗

从河姆渡遗址中发掘出大批樟科植物，经专家查证，含有原始茶物质。可以说，论茶叶种植之早，放眼世界，余姚也是独一份。有先驱为榜样，余姚人对茶自然也是热情洋溢，爱之若狂，瀑布仙茗便是其中最著名的代表。名在何处？连茶圣陆羽也曾在《茶经》中赞叹由余姚大茶树芽叶制成的茶叶，品质特优，还引用《神异记》中虞洪获大茗的记载，数次提及，誉之为"仙茗"。

瀑布仙茗，外形紧密秀气，色泽绿润饱满，闻之茶香扑鼻，有清鲜之气，尝之味道甘醇，余味在口齿生香，久久不散。怪不得北宋著名诗人华镇在《剡溪瀑布岭仙茶》中热情赞美：

春日云崖晴杳杳，东风山溜晓泠泠。
烟霞密迩神仙府，草木微滋亦有灵。

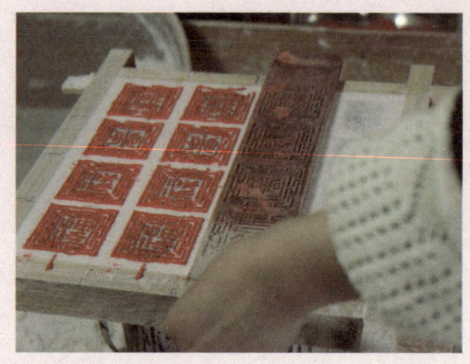

梁弄大糕

提到梁弄，必然想到梁弄大糕。路过梁弄，必然品尝梁弄大糕。这便是梁弄大糕的魅力。

梁弄大糕是当地常见的点心，外形方正，雪白的大糕上印着可食用的"恭喜发财""福禄寿喜"等吉祥话，看上去红白分明，鲜艳夺目，既是个好彩头，又美化了"色"相。

大糕香甜软糯，名声在外，是走亲访友最好的礼物。在梁弄，还有一项传统风俗与梁弄大糕脱不了关系。每逢端午节，梁弄订了婚的女婿会挑着大糕到丈人家去，少则几十箱，多则上百箱。女方把这些大糕分发给亲朋好友，一来表示名花有主，二来也是让大家一起分享喜悦。国人讲究"来而不往非礼也"。婚后的第一个端午节，就轮到女方挑着大糕到男方家了。

乡恋乡味·地道风物

余姚黄鱼面

黄鱼，又称为黄花鱼，生于东海，味道鲜美，营养价值高，是最受宁波人欢迎的鱼类之一。

而余姚的黄鱼面，结合了鱼的香、面的韧，堪称面中一绝。光听做法，就令人垂涎三尺。先选用新鲜的东海黄鱼，将表面煎至金黄，确保鱼肉香酥。然后将Q弹可口有嚼头的手工面条放下去，在面汤里倒入适量的酱油调味，此时此刻，阵阵鱼鲜夹带着酱油独特的香气随着热腾腾的汤味儿扑鼻而来，勾得人食指大动。

迫不及待地夹一块鱼肉，就着汤汁，吸一口面条，鱼酥、汤浓、面滑，三大美味相结合，仿佛是连续的子弹，对味蕾进行狂轰

滥炸，好吃得连停下来冷静一下的时间都没有。食后，浓郁的鱼香依旧在口中徘徊，让人回味无穷。

无乡趣，不乡村：宁波乡村旅游攻略

余姚榨菜

一碗泡饭，一包榨菜——看似简单的吃法，却能勾起很多人的食欲。说来也奇怪，很多人吃惯了大鱼大肉，反倒坏了胃口，挖空心思想了半天的食谱，最后要了一包榨菜，吃得津津有味。榨菜是平常下粥、配饭菜的首选，味道咸鲜，是极好的下饭菜。当辅料与菜炒在一块儿，也丝毫不会逊色，能够绽放出自己独特的口感，增添菜的鲜气。

余姚是杨梅之乡，也是榨菜之乡，拥有全国最大的榨菜基地，说是"榨菜霸主"也不为过。余姚的榨菜菜色微黄，头圆个大，具有质地嫩、脆的特色，且口感爽滑，堪称一绝，适合常吃油腻、大病初愈或胃口不佳的人改善食欲。吃惯了余姚榨菜的人，连出国旅行或出差远行，都会忍不住带几包在身边。

朗霞豆浆

豆浆，是大多数人从小到大的早餐记忆。昔日，因为各地口味差异，还引发了一场全国范围的甜咸之争。在朗霞，这场争议的结果毋庸置疑。毕竟，朗霞以豆浆为名，而当地最出名的店——干大林豆浆则有"咸豆浆之王"的美誉。

朗霞豆浆十分好辨认，若是沿着碗边，慢慢地喝空圈边的浆汁，而中间的豆浆依然不会倒下来，便是正宗的。豆浆生意不仅是早餐时红火，到了下午，也有不少人赶来。喝一碗如鸡蛋羹一般浓醇、香甜的豆浆，佐以油条、烧卖、小笼包等点心，这便是朗霞的下午茶了，尝试过的人才知道，的确是人生一大享受。除了本身做工精细，口味独特之外，朗霞豆浆还有两道特别的做法——牛肉豆浆与羊肉豆浆，是不少肉食主义者的福利。

河姆渡茭白

唐代以前，茭白是被当作粮食作物栽培的。它的种子叫菰米，是"六谷"之一。后来，有些菰因感染上黑粉菌而不抽穗，且植株毫无病象，只有茎部不断膨大，逐渐形成纺锤形的肉质茎——就是现在食用的茭白，于是，第一个吃茭白的人出现了。唐朝末期开始大面积种植水稻，稻谷逐渐成为主食，此后，茭草很少被采籽，以至从谷物中逐渐分离，于是茭白作为蔬菜被特意栽培。茭白既是江南三大名菜之一，自然有不凡之处，丰富的营养价值暂且不说，单是鲜中带甜的味道，便广受欢迎，无论是红烧还是清炒，都滋味绝佳。

河姆渡除了其遗址闻名海内外之外，茭白也十分出名，有"中国茭白之乡"的美誉。河姆渡茭白个体大，肉质细嫩，水分充足。

黄家埠甲鱼

动物世界里的生存规则向来是物竞天择,适者生存。余姚黄家埠甲鱼也同样经历了严格的考验和同类的竞争,最终修成正果,成为最优活的未被自然淘汰的野生甲鱼,这是黄家埠甲鱼的最大特色。

说到余姚就不能不提坐落在姚江边上的河姆渡古人类遗址,在被挖掘出来的陶罐中就发现了烹食冰糖原板甲鱼后留下的中华鳖甲和鳖骨,这佐证了早在7000年前余姚就盛产甲鱼和食用甲鱼了,余姚黄家埠甲鱼在被历史浸润了如此久之后,受到热捧。它的营养价值高于一般的温室甲鱼,体内富含动物胶、角蛋白、维生素等营养,也是名贵的药材,具有滋阴补阳、散结平肝的功效。甲鱼的烹制方法多种多样,其中冰糖甲鱼在宁波有几百年的历史了,既甜不黏又香,冰糖甲鱼的另一名称为"独占鳌头",是宁波十大名菜之一。

牟山湖闸蟹

阳澄湖大闸蟹美名在外,仿佛一提到蟹,自然而然地就会想起它。其实,真要吃大闸蟹,不必舍近求远,余姚最西边的牟山湖便是个好地方。

牟山湖是有"天然琥珀"之称的好水质,有着茂盛的水草,是远近闻名的"浙东第一蟹乡"。孕育出的大闸蟹肉质洁白、香甜、细嫩,味美膏厚又新鲜,吃的时候连调料都不必放,上锅一蒸,光是闻着那香味,就半点不输阳澄湖的大闸蟹。

"秋风起,蟹脚痒;菊花开,闻蟹来。"农历九、十月是"蟹秋",螃蟹正鲜香肥美,每逢这个时候,就有不少吃客慕名到牟山湖来,剥蟹赏菊。当地还举办"牟山湖大闸蟹节",在品尝丰盛的农家蟹宴的同时,还能参加抓螃蟹、尝螃蟹以及评选螃蟹王的各种热闹活动。

慈溪杨梅

慈溪境内"两山一水七分地",一直以来被称为"中国杨梅之乡"。慈溪杨梅名闻遐迩的以"荸荠种"和"早大种"杨梅为主,果大、核小、色佳、肉质细嫩,轻咬一口,浓郁的清香味便从舌尖蔓延开来,酸酸甜甜的口感,为炎热的夏季带来一丝来自心底的清凉。怪不得连新加坡、法国、日本等国的杨梅爱好者们都不远千里来求购。

慈溪的杨梅除了好吃,还很"好玩"。境内有数个杨梅旅游景点,包括采摘游、亲子游等。一方面能够体会农家劳作的乐趣,品尝亲手采摘的成果,一方面也能培养孩子们的动手能力以及对农产品的认识,真正体会到"谁知盘中餐,粒粒皆辛苦"的真意。

周巷黄花梨

周巷镇的黄花梨,是由浙江大学园艺系的沈德绪教授精心培育而成的沙梨品种。周巷镇于1984年引入种植黄花梨,2000年获得"中国黄花梨之乡"的美誉。十几年的艰辛探索之路,一步一个脚印地踩出累累硕果。

比起北方的砀山梨、莱阳梨、雅梨等,黄花梨成熟较早,在八月中旬就能上市,所谓"早起的鸟儿有虫吃",早熟的黄花梨先一步占据了水果爱好者们的心。每年到了产季,慈溪就迎来了不少采摘黄花梨的游客。黄褐色的果皮和饱满的圆锥形果实,单看就能感受到满满的果汁。黄花梨的果芯很小,脆嫩的洁白果肉,弥漫出的果香,吃过一次就忘不了,于是让人年复一年又心甘情愿地成了忠实的"周巷梨粉"。

三北豆酥糖

传说,在100多年前,陆埠镇上有一家"乾丰"南货茶食店,当时的一位宁波师傅经过不断的尝试,终于研制出了豆酥糖,一时间,顾客盈门,声名鹊起,方圆数百里的竞购者慕名而来,络绎不绝,从此成为许多宁波人尤其是宁波的孩子爱极了的零嘴儿。

如今三北豆酥糖不但是宁波豆酥糖的代名词,还是宁式茶点的代表之一,名扬海内外。印着"三北豆酥糖"几个红字的白色糖纸有民国旧物一般的朴素意味,将糖块裹得四方棱角分明、厚薄均匀,底封不用糨糊,免得豆酥糖发潮,这样,就能长久保持香、甜、酥、松,有浓烈的黄豆香,且老小咸宜。没牙的老祖母面对最爱的零嘴儿仍可怡然享用,不用在食物面前会因衰老而生的无力感。豆酥糖,真是种富有人情味的食物。

三北泥螺

据《本草纲目拾遗》记载:泥螺有补肝肾、润肺、明目、生津之功能。民间还有以酒渍食,防治咽喉炎、肺结核的说法。功效如何且不必说,对宁波人来讲,泥螺是从小吃到大的美食。"老底子"有说法,每年到了桃花季节,泥螺肚内的"铁"吐尽,肉质鲜嫩而无泥筋,可谓是上品。

泥螺大都经腌制后食用。腌制后的泥螺爽脆入味,是宁波人最爱的鲜咸味。来不及烧菜怎么办?拿出一瓶腌制的泥螺,就是美美的一餐。古人写诗赞道:"次第春糟土冰储,舟移万瓮入姑胥。安期写罢神仙籙,酒墨都成蝌蚪书。"新鲜的泥螺可以同咸菜烹炒入菜,可以葱油,也可以煮汤,汤的鲜味不亚于牡蛎汤,各有风味,每一种都让人停不下口。

无乡趣，不乡村：宁波乡村旅游攻略

象山米馒头

作为大米磨成的点心，米馒头能够在"遍地海鲜"的象山美食中杀出重围，成为象山十大点心之一，殊为不易。米馒头是大米做的，而不是面粉做的，吃起来和普通的馒头有很大的区别。米馒头更松软一些，更偏向于蛋糕的口感。说到精华，应该在它酸中带甜，有点儿酒酿发酵的味儿，不需要配菜，也能吃得津津有味。而且米馒头不干，不容易噎人，不论是奶奶辈的，还是刚会自个儿吃饭的娃娃，都喜欢米馒头淳朴却不简单的味道。

米馒头还有一种做法——将它用油稍微煎一下，使它的表皮变得酥脆，真正的外焦里嫩，再撒上苔菜和白糖。苔菜与白糖的味道虽然浓郁，却不会喧宾夺主，反倒与米馒头相得益彰。

象山大白鹅

别以为象山地处宁波沿海，就只有海鲜特产。优越的气候条件，丘陵平原相间的地理位置，使象山境内江河交错，植物丰茂，自古以来就是候鸟——野雁在迁徙途中休憩的地方。经过象山人的长期驯养，昔日的野雁已成为今日的象山白鹅。象山人养鹅是有历史渊源的，秦代就有记载。明嘉靖三十五年的《象山县志》说得更是清楚："明正德嘉靖间岁办杂色毛软皮五百一十张，鹅翎四千六百三十根，药材香附子七十斤。"

象山白鹅体型中等，颈细长，腿粗壮，且以放牧为主。在这样的饲养条件下，象山白鹅肉质细嫩、营养价值高，鹅肉脂肪含量低，且分布均匀，绝对是绿色食品。

麦饼筒

让大人们细数小时候的美味，麦饼筒一定在内。麦饼筒也是象山十大小吃之一，因入口松脆、油而不腻，而深受欢迎。麦饼筒皮的做法十分讲究，要烙得不薄不厚，恰到好处，非下一番苦功夫不可得。馅可以根据自己的口味配料，有的是肉丝、豆芽、萝卜丝，有的是黄鳝段、虾仁、粉蒸肉、面鱼、墨鱼卷及各种蔬菜。吃时，将麦饼皮平摊在平面上，用筷子把小菜一样一样放在皮子上，卷成筒状即可食用。一口咬下卷好的麦饼筒，所有的味道一起冲击味蕾，简直满足得张不开嘴。

在石浦有个风俗，每年的端午、立夏、农历八月十六，每家每户要吃传统的麦饼筒。这样说起来，中国人的许多风俗都是让人吃好喝好玩得好，实在是贴心得很。

象山海鲜面

畅游海滨浴场的休闲消暑，品味石浦老街的渔港岁月，记忆最深的，当数鲜美无比的象山海鲜面。

海鲜这玩意，宁波从来不缺，专门吃海鲜面的面馆，在宁波却似乎并不多见。海鲜面据说位列象山十大特色小吃之首，可见其味美在当地有口皆碑。正宗象山海鲜面的正确吃法十分洋气，是半自助式的"自由搭配"，点上一份十几元的海鲜面，里面可以自由地选取若干种海鲜，无骨鱼、花蛤、小白鲳鱼、小黄鱼、蛏子、大虾、鲍鱼仔等。所有的海鲜浇头都是用最简单的方式来烹制，将所有的鲜味都保留了下来，分散在每

一滴汤汁里。大碗盛上来，只见厚厚的一层细米面上铺着满满的海味，一顿猛吃豪嚼，"风卷残云"，鲜得下巴也要掉下来。

象山大黄鱼

大黄鱼，是象山著名特产，可说是代表海鲜之一。每逢新年，甚至要卖到几千元钱一斤，其鲜嫩味美，似乎也不需赘述了。宁波菜的特色在原汁原味，什么是什么，不失其本味，江河湖海里有着本真的鲜味，不必加多余的料，更遑论好的食材，清清爽爽地蒸或氽，才是最好的味道。美食家沈宏非也说，清蒸是对一条鱼的最高礼遇。

清蒸大黄鱼，便能将大黄鱼的鲜味轻易地勾起。宁波话里的鲜叫"透骨新鲜"，听上去就是游窜入身体的某种化学物质，好像阿拉丁神灯"哧"的一股白烟冒出便可心想事成了，象山大黄鱼就能给人这种类似化学反应般的享受，让鲜味在舌尖升华。

象山柑橘

什么叫得天独厚？看过象山的特产，便知一二。物产丰富的海鲜且不必说，连水果种植都与众不同，实在叫人欣羡。

象山柑橘是中晚熟品种，四月底五月初开花，十一月中旬成熟。每到年底，满树金灿灿的柑橘挂在枝头，便是柑橘种植户最开心的时候。象山柑橘，果形整齐、色泽鲜丽、果皮细薄、酸甜适中、肉质脆嫩、清香爽口、以化渣性好著称，还走出了国门，香飘万里。除了直接吃以外，柑橘还可以做成各种甜品。比如说桂花水果羹，桂花的香气点缀着柑橘甜中带着微酸的清香，口感润滑；比如水果沙拉，柑橘丰富的水分可以分解沙拉酱的腻味；又比如柑橘果冻，做法简单，味道却很不简单。

象山紫菜

对于象山人来说，紫菜实在太常见了，常见得几乎让人们忘了它也是本地的特产之一。虽然紫菜的名字里带"菜"，却是一种生长于浅海岩石上的藻类植物，属海产红藻，喜风浪大、潮流通畅、营养盐丰富的海区——怪不得是象山特产。

对象山渔民来说，捕鱼与养殖紫菜都是他们引以为傲的事业。若是选对了去象山的时间，就能看到潮水退去后，浮出滩涂水面的数量庞大、整齐排列的紫菜养殖架。

煮紫菜汤是宁波家家户户必备的技能。最简易的做法是，倒一点酱油，放一点米醋，再撒一些葱、虾皮，将紫菜撕成小片放在里面，用热水一冲，热腾腾香喷喷的紫菜虾皮汤就做好了。若是夏天，可以多放一点醋，酸酸的，生津止渴还不腻。

西店牡蛎

牡蛎，更多人习惯性地称它为"蛎黄"。身体呈卵圆形，有两面壳，生活在浅海泥沙中，肉味鲜美。壳烧成灰可入药。秋冬季的餐桌上都会放一盘牡蛎作为家常菜，蘸点酱油米醋，口感清爽，肉质鲜美。

西店的浅海区，是牡蛎的最佳产地。这里的海风带着咸咸的味道，放眼望去，岩石上布满密密麻麻的野生牡蛎，成片的大如拇指的，用铁片拨开缝隙，轻易就可以将牡蛎肉取出来，拿回家，用水冲洗一下，直接就可以食用，很方便，无须任何手艺。牡蛎炒蛋也是一道风味名菜，或放汤食用，汤汁清澈，汤味奇鲜，胃口不佳时，啜之开喉开胃。你或许不知道，牡蛎，因其有着极为丰富的蛋白质和维生素，也被誉为"海牛奶"呢。

无乡趣，不乡村：宁波乡村旅游攻略

一市青蟹

青蟹较于其他的蟹，体积更大，最具代表性的便是两只大而有力的蟹钳。独特的外表，具备了独特的美味，自然成为江浙沪一带拜访亲友、佳节送礼的不错选择。

宁海的一市和台州的三门两地相邻，属于同片水域，所产的青蟹并无二别，其肉味鲜美独特，营养极为丰富，尤其是交配后性腺成熟的雌性蟹，是适合产妇和老幼的高级滋补品。有传乾隆年间一市镇就开始盛产青蟹，这儿滩涂辽阔，涂泥松软、盐度适中，淡水注入丰盈，水质清新，饵料丰富，是块难得青蟹生长宝地。"天生命贵"的青蟹从养殖到收捕，从捆扎到烹饪等都有非常严格的要求，一般将青蟹清蒸或者做成葱油青蟹，但无论怎样，在放入锅里前，最好用筷子从青蟹下面往上戳个洞，这样容易松绑，也更加容易入味。

乡恋乡味·地道风物

越溪跳鱼

跳鱼，宁海人又称它为弹涂鱼，因营养价值高，有"海中人参"的美誉。越溪是浙江省最大的跳鱼养殖基地。跳鱼有点神奇，鳍很奇特，经常匍匐跳跃在海涂泥上，独特的生理结构使跳鱼能够离开水，较长时间在空气中存活。胸鳍呈臂状，很像高等动物的附肢，会利用鳍在水面、泥涂或岩石上爬行或跳跃，甚至还会爬树。

跳鱼如此灵活，捕捉的方法自然也是五花八门，有钓的，有用网的，有用竹箩罩的，甚至还有直接用手抓的。跳鱼肉质细嫩，富含油脂，味道特别鲜美，无论是清蒸、红烧、清炒还是煲汤，都非常适宜。宁海本地较多的是跳鱼豆腐汤，做法极其考究，必须用活鱼煮到鱼体弯曲成360度，鱼脊上的肉炸裂开来，鱼肉软化酥烂，待佐料渗透鱼肉，所有鱼质素也融入鱼汤水中，是不可多得的美味鲜汤。

长街蛏子

蛏子是长街浅海区最负盛名的海产品，宁海人对它的偏爱应是到了无以复加的地步。而蛏子的传说同样富有趣味，传说古代一个乞丐为了报答当地村庄的施舍之恩，死后叫人用草席将他丢入大海，等退潮之后，人们便发现海泥里布满了蛏子。

宁海长街一带，濒临三门湾，常年有大量淡水注入，海水咸淡适宜，饵料丰富，涂质以泥沙为主，因而蛏子生长快、个体大、肉嫩而肥、色白味鲜。除丰富的蛋白质、碳水化合物及钙铁磷之外，还有一定的医药作用，自然成为各地食客的心头所爱。古人曾有诗赞道："沙蜻四寸尾掉黄，风味由来压邵洋；麦碎花开三月半，美人种子市蛏秧。"除了传统水煮之外，宁海人也开发了蛏子的各种做法，如铁板、生炒等，不同做法可使蛏子肉质有不同程度的丰富和嚼劲。

宁海

无乡趣，不乡村：宁波乡村旅游攻略

宁海香鱼

什么鱼让乾隆皇帝品尝了之后赞不绝口，传旨将其列为贡品？清光绪《宁海县志》载："香鱼产溪中，又名细鳞鱼，无腥而香，其长随月，至7~8月，长7~8寸，过此则生子而味不美，出凫溪者佳。"

没错，此鱼就是香鱼，因脊背上有一条满是香脂的腔道，能发出诱人的香味而得名。宁波凫溪香鱼对生长环境十分挑剔，必须生活在流动且清澈的活水中，想必它与生俱来的香味与这干净活水脱不了关系吧，因肉质细腻鲜美且本身的独特鱼香，使得凫溪香鱼有"淡水鱼之王"的美称。香鱼鳞细眼白，肉质醇厚细嫩，让人吃后欲罢不能，还想再吃。宁海人烹制香鱼的方法多种多样，如红烧、清蒸，抑或是制作成香鱼干等，无论采用哪种烹饪方法，都香气扑鼻。

岔路黑猪

黑猪在中国有近五千年的驯养史。李时珍所著的《本草纲目》中专门设有"兽部豕科"，记载了黑猪各部位不同的药用价值，弥足珍贵。

宁海的岔路黑猪体质结实，结构匀称，背腰平直，多为单背，胸较深，腹稍下垂，四肢壮实，耳大下垂，被毛全黑，易于辨认。因为其肉质细嫩、味道鲜美，口感油而不腻，而深受食客喜爱。黑猪肉的肌肉脂肪含量丰富，猪皮富含胶原蛋白，称得上是美容肉，对爱美的人来说，实在是难以抗拒的诱惑。而这些美味营养的背后，是饲养员们对岔路黑猪的精心饲养。虽然它有美味、营养等优点，却存在瘦肉率偏低、生长速度偏慢等缺点，物以稀为贵就在这里体现出来了。

土鸡（土鸡蛋）

污染多了，人们的追求也就变了。以前的人要吃得美味，现在的人不仅要吃得美味，还要吃得干净、吃得安全、吃得营养，农家菜由此应运而生，绿色无污染也成了许多店家的主打特色。

宁海土鸡也是这样。光从饲料上，就极为讲究。利用宁海县当地的山区、半山区及四园（桑园、茶园、果园、竹园）的自然资源优势，白天在山上、园区放养鸡，让其自己觅食，吃的是野生的虫子和植被，人工喂的饲料全部都是用玉米、豆饼混合了抗病的中草药做成的，买来的配制复合饲料绝对不行，饲养人员更不能对其进行"填鸭式"喂养。因此，宁海土鸡肉质紧实细嫩，鲜香味浓郁，熬成汤时，汤汁透明无混浊，味美可口。

无乡趣，不乡村：宁波乡村旅游攻略

宁海白枇杷

许是外来的和尚会念经，宁波很多水果店更青睐于出售其他地区，甚至其他国家的水果，唯有宁海白枇杷，一上市，就能在水果店里占据一席之地。

喜欢宁海白枇杷不是没有缘由的，它是宁海县在1994年通过实生选育而成的优质白沙枇杷新品种，果大、含糖高、酸甜适口、风味浓郁、皮薄汁多。白枇杷的皮已经是白白嫩嫩，圆圆润润，怎么看怎么可口了，可是将那层皮轻轻地剥下来，会发现里面的果肉更加饱满白皙，不必动手，那果汁已经渗出来。据检测，宁海白枇杷品质的综合指标超过国内外同类产品，与其他白沙品种之间存在着明显的遗传差异，被国家林业局认定为国家级林木推广良种。浙江大学园艺系刘权教授、日本枇杷专家栗山隆明博士甚至称之为"宁海一宝"。

望海茶

宋嘉定《赤城志》载:"(茶山)开山初有一白衣道者植茶,本于山中,故今所产特盛,治平中,僧宗辩携之入都献蔡端明襄,蔡谓其品在日铸之上。"文中的蔡襄是宋朝政治家、茶学家,著有《茶录》,是《茶经》之后最有影响力的论茶著作,可见宁海茶当时的品质。

一杯清茗在手,能超凡出尘,一壶望海茶,能喝透千山万水。望海茶以茶的色泽翠绿、汤色清绿、叶底嫩绿的"三绿"特色而独树一帜,是宁海茶的代名词。其外形浑圆紧结、色泽绿润、身骨重实,活像一粒粒墨绿色的珍珠,用沸水冲泡时,粒粒珠茶释放展开,别有趣味。茶汤香高味浓,茶叶经久耐泡,出口欧洲和非洲不少国家,深受各国消费者的喜爱。

前童三宝

雅致的桌椅，幽谧的灯光，清雅的环境，是否就足以认为已置身于"小桥流水遍庭户，卵巷古院藏艺文"的前童古镇？不尽然。

"无三宝，不前童。"这至关重要的三宝便是老豆腐、空心豆腐和香干。许是受到前童古镇浓郁的儒家文化古韵的熏陶，前童三宝较之于普通豆腐香干有一种更为浓厚的感觉。老豆腐，白、嫩、滑、鲜、香；空心豆腐，泽金黄、中空外，结脆而不碎；香干则是口感细腻香滑、清口香润、结实耐嚼。前童三宝，祖传的做豆腐手艺，从磨豆到点盐卤一点都不能马虎，豆腐用石磨手工磨制而出，配上制作时用水的讲究，经过地下过滤，特别清澈鲜甜。品品豆腐盛宴，吃出的是浓浓的古韵，感受的是沧桑中饱含的浅浅华丽，不愧是汲取了白溪和梁皇溪两处溪水精华的结晶。

宁海麦饼

《徐霞客游记》开篇便是从宁海出发，据说他与友人想出一种制作干粮的办法，就是把麦粉搓糯，再用面杖擀成薄薄的皮，放到铁锅中翻热，带上路十天半月也不坏。此后，食用麦饼成为宁海风俗，每年夏天麦收后，家家贴麦饼当中饭，剩下的做"接力"，吃了去田畈劳动；家中有人出远门做工、经商、读书、背柱脚，妻子或母亲都会起早贴麦饼让其带上路当点心。

麦饼香诱得人既解肚饥，又风味尽享。如今，又开发出很多品种、花色，风味各异。淡麦饼是用猛火在锅中翻熟，稍凉后裹进芝麻苔或虾皮松，也有裹家中小菜、甚至米饭的；咸麦饼最普遍的馅是虾皮、葱或大蒜，掺进猪油，用文火贴熟；甜麦饼的馅用砂糖、芝麻、猪油，有的再加一点海苔，使甜中有咸，海陆味兼具。

咸祥马鲛鱼

马鲛鱼又名鲛鱼。象山港马鲛鱼又称象山港蓝点马鲛鱼,它不仅味道不同于其他马鲛鱼,而且色泽也特别,体表带绿色光泽,浙江沿海居民称之为"串乌"。清明前后,是带卵马鲛鱼洄游到象山港产卵的时节,此时马鲛鱼肉质扎实,糯软鲜爽,没有多余的骨头,味道最鲜美,价格也最贵,是宁波人餐桌上的常客,用雪菜煮或抱盐清蒸均为上佳,所以每年4月中旬,千万不要错过这道美味。

咸祥地处象山港畔,周边渔民的习俗是"男人出海打鱼,女人负责卖鱼"。到了马鲛鱼盛产的季节,因为有了透骨新鲜的马鲛鱼,

咸祥这个滨海小镇都随之沸腾起来,热热闹闹得仿佛在举办美食狂欢节。

邱隘咸齑

宁波人对于咸齑的感情,全在俚语里。"家腌咸齑勿吃淡饭""三日不吃咸齑汤,脚骨有眼(宁波话"有点"的意思)酸汪汪",过年吃多了大鱼大肉后,母亲也必然准备一碗咸齑汤解腻。外乡人说咸菜,宁波人一定要纠正过来,叫咸齑,齑就是切碎了的腌菜的意思,这才是地地道道的宁波"下饭"。

在宁波的很多菜市场里,卖咸齑的小贩大部分都来自鄞州邱隘镇,这个被誉为"中国雪菜之乡"的地方,一直都是咸齑口味和品质的保证。邱隘咸齑菜梗多菜叶少,鲜中带酸,爽口脆嫩,宁波的名菜咸齑黄鱼汤就一定要用这样的咸齑才能钓出黄鱼的鲜美,这种沉着不张扬的鲜味总能恰到好处地感染与其做搭配的食材,却又不至于喧宾夺主,煨河鲜、炒角麂肉、炒肉炒蛋样样都别具风味。

瞻岐泥螺

宁波海岸线上大面积的滩涂为泥螺提供了良好的生存环境,低潮位的泥涂较软、饲料丰富,水质无污染。外地人吃不惯泥螺,觉得黑乎乎显得腻心(宁波话"脏"的意思),又是生吃,更是唯恐肠胃不适,而海边人对待吃的态度是生猛豪放的,靠海吃海,哪里还挑得这样精细,新鲜泥螺稍加处理后,用葱花爆炒或放汤更是老宁波人平常的吃法。醉泥螺的做法或许是一场无心的尝试,鲜味被酒气和咸味封住,得细细地咀嚼才能从齿间流淌出最初的醇美味道。

在瞻岐,桂花泥螺享誉四方,不含泥筋,肉质柔软,比别处的品质更好。以前,当地人还会在金桂飘香的时候去海滩捡泥螺,捡多了就腌起来,当下饭菜吃。

无乡趣，不乡村：宁波乡村旅游攻略

油赞子

油赞子其实就是普通话里的"麻花"，外地人或许无所谓，老底子的宁波人对这现炸的油赞子却是情有独钟。油赞子一般有两种口味，绿色的是海苔味，咸味；金黄色的是原味，即甜味。热门的油赞子店里，经常能看到外面排着求购者的长队，里面坐着一群人，围着长长的矮几，手指翻飞，将切好的面团搓细，迅速一抹一搓，再对折成四股麻绳状、长短均匀的生坯，便可送去下锅。

宁波人对油赞子的偏爱或许来自于记忆中的美好。在物资匮乏的年代，炸得喷香酥脆的油赞子对于人们来说，无疑是难得的美味。油赞子的甜香混合着冬日的暖阳，留下最香甜的记忆，以至于几十年过去，仍能在街头诱得人们排上一小时的队。不得不说是老少咸宜，一网打尽。

仓桥面结面

不知道从什么时候开始，宁波的面结面店，似一夜春风，突然间就变得红火起来了。"仓桥面结"的特点在于面结汤不油不腻，面结皮很嫩，细腻丰满。鲜肉馅不厚，虽然只有一点点，却品尝得到鲜嫩无比，和面结皮搭配刚好。鸭血也厚实有弹性，新鲜有余。

宁波的"老仓桥"面结店，完全可以画一张大的美食风云地图了……华严街的，月湖菜场的，关于哪家才是最老牌、正不正宗的问题，也许已经没人说得清楚，最关键的还是取决于吃客的味觉认定。总之，面结面，不是想吃就能吃到的，这种平凡无奇的小吃，排队指数却是出奇的高，到了饭点高峰期，没毅力在简陋的小店外面经风吹日晒，饿半个钟头的就不用考虑了。

宁波汤团

汤团之名始于南宋,传到如今国内其他地方已大多统称为汤圆,宁波人则坚持称之为汤团。外地一般是在元宵节时才会想起吃汤团,对于宁波人而言这并非新年、元宵节的专有小吃,而是一样时常想念,馋了就吃的小吃。宁波人做汤圆坚持手工,坚持使用猪油,带有浓浓的阿拉宁波味儿。

宁波人吃圆子的场面热闹喜人:"六街灯市,争圆斗小,玉碗频供。香浮兰麝,寒消齿颊,粉脸生红。"彼时,火方燃,汤初滚,汤团尽浮锅面;一口咬下,蜜渍香泛,溅齿流甘。这种甜蜜而热闹的体验和欢愉便留在记忆深处了。很多海外宁波人漂泊几十年不忘猪油汤团,据说包玉刚二十世纪八十年代回大陆,吃了正宗家乡口味的猪油汤团后,竟是热泪满襟。

无乡趣，不乡村：宁波乡村旅游攻略

横街黄泥拱

"黄泥拱"指的是春天的毛笋，春笋已是不多，而产量更为稀少的冬笋就更加难得了。正宗的横街"黄泥拱"，不但整株披一层黄泥渍，连笋壳、笋尖和笋须都呈现一种不同色泽的亮黄——衣绛黄，尖褐黄，须是明黄，茸茸的，有如小鸡雏般憨稚可爱。剥去笋衣，清香扑鼻，白嫩嫩的身躯，指甲轻轻一刮都要留下伤痕。只有够新鲜，吃起来才口感松脆，带着微妙的甜味和清香气。

吃笋只有一个守则，那就是新鲜，即挖即吃是对一棵笋最大的尊重。至于吃法，那真是五花八门，随喜就好。单放酱油红烧好吃，炒鸡蛋好吃，放咸齑汤好吃，打点淀粉"做浆"也好吃。正如周作人所说："这是山人田夫所能享受之美味，不是口厌刍豢的人所能了解的。"

慈城年糕

宁波人酷爱年糕，民间就有"年糕年糕年年高，今年更比去年好"的说法，烤菜年糕、白蟹炒年糕、咸齑年糕汤等，都是当地人常做的家常菜。南方水稻一年两季，早稻的口感远远不及晚稻，宁波年糕一定得用晚稻新米制成，混了早稻或者糯米口感就有差别，而且容易煮烂的都不是正宗的宁波年糕。

宁波年糕之中，又以慈城年糕最为出名，距今有上千年的历史。到慈城，去年糕馆吃上一碗桂花年糕，才不枉到慈城一游。慈城年糕馆是慈城唯一一个以年糕文化展示、年糕菜肴烹饪为一体的专业年糕小吃馆。可亲手打一回年糕，感受久违的从双手传递出来的食物本味。手工年糕配上时令新鲜的桂花，粮食的扎实感与桂花的清新一起搅动着，留下满口的糯香。

奉化水蜜桃

奉化水蜜桃，被誉为"中国之最"，这不仅仅因为它的历史悠久，而且口感确属果品中上乘。清光绪年间，奉化一个农民便开始种植水蜜桃，从此一发不可收拾，水蜜桃品种繁多，而且一年中三分之一的时间都可以享用正宗的奉化水蜜桃。

"琼浆玉露，瑶池珍品"这是形容奉化水蜜桃的八个大字，而现在有早露露、雪雨露、沙子早生、湖景蜜露、塔桥、玉露、迎庆等25个早、中、晚熟水蜜桃品种。

奉化水蜜桃有三个特点，一是果顶，揭开果柄，正宗奉化水蜜桃，里面的果肉会呈现粉红色或紫红色；二是果香，正宗奉化水蜜桃，会透出甜蜜香气；三是果核，正宗奉化水蜜桃的果核和果肉是相连的，其果核呈现粉红色或紫红色。另外，它的皮也比较薄，果肉是乳白色的，果核处是紫红色的。

奉化芋艿头

据《奉化县志》记载,奉化芋艿头在宋代已有种植,至今有七百余年的历史。怪不得沪杭甬一带有句民谚:"跑过三关六码头,吃过奉化芋艿头。"这是用来形容某人见多识广的。可见奉化芋艿头之名,自古以来,就流传甚广。

在奉化游玩,不时能看到路边老婆婆堆着卖的芋艿头,一个个球形的芋艿头,表皮棕黄,顶端带着粉色的尖角,光是看着,就能感觉到那层薄皮下所隐藏着的松软口感。芋艿头具有多种吃法,烘蒸、生烤、热炒、白切、浇汤、煮冻等,各有特色。若烘蒸,清香扑鼻,酥如板栗,入口即化,余味悠长;若浇汤,则滑如银耳,糯如汤圆,稠如薄羹。当然,蘸虾酱的吃法最地道,软糯的口感中,带着芋头特有的香甜。

奉化千层饼

千层饼四四方方,小巧精致的一块儿,里面却是层层叠叠地分了二十七层,且层次分明、金黄透绿。口味有芝麻甜味和海苔咸味两种。甜的的甜味轻浅,并不遮掩小麦的原香,饼面铺得满满的一层芝麻,一同嚼在口里风味独特;咸的苔香浓郁、咸里带鲜,浓绿的海苔粉上撒少许芝麻,一口咸酥,食后口齿留香,令人百吃不厌。出生于奉化的蒋介石就特别爱这一口,据说还曾派人把奉化千层饼的创始人王氏后人叫到身边,专门为他烤制这种家乡小饼,用以飨客,这种小饼因而名气日隆。

因千层饼制作时用油不多,尤其不用动物油,合乎现代人的营养观念,且饼做好之后不易坏,在常温下可保质两三个月,便于携带储存。于是,奉化千层饼店越开越多了。

奉化牛肉干面

奉化牛肉干面至今已有一百多年的历史。相传清末年间,在奉化溪口有位以杀牛卖肉为生的屠夫(姓名已不可考),将剩下的牛杂牛骨带回家,先将其洗净,然后加入香料,以中火长时间熬煮,最后加入当地生产的红番粉丝。起锅时香气扑鼻,鲜美可口。于是,这种牛肉干面的做法慢慢地从奉化一直风靡全宁波城,真正是"口水流到三江口",到今天已成为宁波的一道名小吃,真真假假的"奉化牛肉干面馆"开遍了大街小巷。

多少牛肉,放白切还是红烧,一切都可以根据自己的喜好来决定,奉化牛肉干面的吃法很具有个性。再加上每家店都有的"独家秘制调料",最后浇上骨头汤,撒上葱花即可享用。牛肉片厚实而嫩,吃得出丝丝的口感,喷香的面汤里头全是牛肉的鲜味,淳朴而别具风味。

无乡趣，不乡村：宁波乡村旅游攻略

尚田草莓

草莓素有"水果皇后"之美誉，而尚田是远近闻名的"中国草莓第一镇"，采摘基地比比皆是。山清水秀，风景宜人，还有甜美多汁的草莓可以吃个够，这应该就是奉化尚田的宣传语了。爱心形的草莓就长在葱茏的田间，颗颗硕大饱满，鲜嫩欲滴。拈之一咬，汁水连绵不绝地涌入口中，满溢着天然甜味，尤其是奶油草莓，个个色泽红艳，营养丰富。

这是只属于乡野田地的体验，能亲手触摸到作物成长起来的模样，浸润在成熟时蔓延开的极好闻的泥土气息中，落地的第一秒便能感受到最自然的唇齿风光。再矜持的姑娘，恐怕也迫不及待地要挎上篮子做农妇去。在田里使完了力气，来到依山傍水的农庄静坐品茶，尝尝用刚挖上来的新鲜食材做的农家菜，着实惬意。

奉化羊尾笋

宁波不但竹制工艺品名扬海内外，而且竹笋也花样众多。有鲜嫩可口的冬笋，雨后破土的春笋，还有名列奉化三宝之一，与水蜜桃和芋艿头齐名的奉化羊尾笋干，因外形酷似羊尾而得名。民间还有个关于宁波知府亲戚到访，对羊尾笋干念念不忘，促其远销苏州，使笋农辛勤致富的传说。故事是真是假，已经久远得无法考据，倒是羊尾笋干的美味为这个故事平添了几分可信度。

羊尾笋干由奉化盛产的雷笋、龙须竹笋加工而成，肉色白里透黄，味道鲜美可口。用羊尾笋干入菜，不管加了什么，都是鲜的。是做笋烤肉，还是白切放麻油凉拌，都鲜美无比。

许多人为了便利，还直接用它做汤，一样清新爽口、鲜味十足，待食欲不振时，吃上一口还可开胃。

奉蚶

　　就像是外地游客看见红膏呛蟹会无从下口一样,他们看见奉蚶也会不知所措。中国沿海所产的蚶约有十种,其中以奉蚶最为著名,是浙江名菜。蚶子又称泥蚶,蚶是软体动物,壳厚而坚硬,边缘有锯齿。原在奉化鲒埼、莼湖等象山港一带镇(乡)养殖为多,故又称"奉蚶",有补血、温中、健胃的功效。奉蚶古今闻名,清朝诗人袁枚就曾在《随园食单》中说:"蚶出奉化县,品在蟳螯,蛤蜊之上。"

　　肥美鲜甜的奉蚶是奉化人桌上美味的凉菜,有个简单的吃法:将新鲜的奉蚶放入滚开的清水中,待紧闭的蚶壳张口,就可捞起,剥去半边壳,放在盘中,根据口味撒上姜末,淋上酱油、醋、香油即可。

三山金弹

　　临近年关的时候就是北仑金柑——"三山金弹"上市的季节。漫山遍野的金柑树,缀满了金灿灿的果实,果实如荔枝大小,圆而色黄,清香四溢,在暖冬阳光的照耀下,微微地发着光,看得人眼馋极了,那大获丰收的景象也衬极了喜庆的节日气氛。

　　金柑有金弹、罗纹、金枣、金豆等多个品种,其中尤以金弹为柑中之冠,果大皮薄,肉嫩汁甘,鲜食为宜,连带着果皮一块儿嚼,甜、酸、麻的各种口感丰富,而且吃完后,余香残留,回味无穷,叫人不由自主地想要再来一个。金柑还具有生津、开胃、理气的功效,深受人们喜爱。有的人还喜欢将它和着冰糖或糖水慢火炖煮后放入冰箱,做成名为糖金橘的甜品。

无乡趣，不乡村：宁波乡村旅游攻略

钱湖四宝（朋鱼、螺蛳、河虾、青鱼）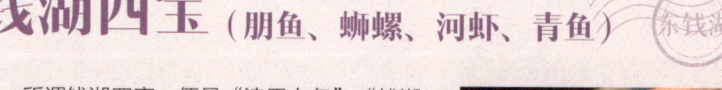

所谓钱湖四宝，便是"浪里白条""钱湖之吻""钱湖河虾""青鱼划水"。

朋鱼因身躯略呈长条形，浑身银白，有"浪里白条"之美誉。东钱湖水面广阔，湖水清澈，极适合朋鱼繁衍生息，所产朋鱼的味道比一般河里的要鲜美，最难得的是没有泥腥味。也因为水质清冽，东钱湖的螺蛳壳是青壳，拿来对着太阳一照还是半透明色的，清爽透亮。一般烹制的手法是酱爆，加葱头、五香、八角一起炒，极入味，鲜味浓烈。正宗的东钱湖河虾虽然个头不大，但通体透明、活蹦乱跳，肉质细腻嫩白，鲜香可口有嚼劲，不但营养丰富而且口感甚佳，是一道受人喜爱的湖

鲜。虽然湖虾的烹饪方法很多，但大厨们公认钱湖湖虾的最佳烹饪方式就是用盐水煮。俗云："鲢鱼头，青鱼尾。"做这道"青鱼划水"，首先是要选一条鲜活的青鱼，然后取下它的尾巴部分，以宁波传统红烧的方式烹制，浓油赤酱，色泽红亮，口味咸中带甜，最能体现青鱼的肉质本味。

乡土乡情·快乐农家

无乡趣，不乡村：宁波乡村旅游攻略

香泉湾山庄

　　八百里四明山，峰峦叠翠，风光旖旎，香泉湾山庄就位于四明山脉余姚市鹿亭乡上庄村，这里的人们过着世外桃源般的生活。山庄由20世纪60年代的军营改建而来，"石屋"结构使得室内冬暖夏凉，气温适宜。小桥流水，庭院深深，部分居所还享有私密的庭院空间。山庄标志性的建筑"五福堂"，五个"福"字分别由圆山、傅印、道生、星云、一诚五位高僧所写，正契合其"养生"主题。

　　除了自然条件优越，香泉湾的设施也算是十分完善了——不仅有山庄别墅、会议中心，还有令人耳目一新的山洞酒吧和山洞禅修室。穿过一条狭长曲折的山洞走廊来到酒吧，一起听着古典音乐喝一杯，酒至微醺，似仙非仙。而步入禅修间，则有种别样的韵味，带给人浓浓禅意，可到达万念俱寂、轻盈纯粹的境界。

TIPS

- 地址：宁波市余姚市鹿亭香泉湾路1号

- 交通：联集线—望童线—荷深线—香泉湾度假山庄

- 热门推荐：香泉湾坐落在四明山北麓，有"氧吧"之称。山庄由盘踞而上的山路贯穿而至，距离其3千米处还有一个景点——云河漂流，夏日可亲水狂欢。

- 美食：山庄菜品的味道口碑不错，上菜速度快，用自种的石斛与放养土鸡烧成的"石斛土鸡煲"是特色菜，美味又滋补。

- 温馨提醒：山庄设施齐全，房间也干净，胜在空气清新，由军营改造的酒店亦别有风味，但山间难免有潮气——尤其是雨后，盛夏季节偶有闷热。

笙竹陆家桥农庄

笙竹陆家桥农庄改名以前叫浙东垂钓休闲中心，处在湖泊水库遍布、河道纵横的余姚兰江街道。农庄内有垂钓区和观光区，垂钓区采用静水形式，游客沿堤岸漫步，能看到不同的观赏鱼景观和植物景观，湖上的跨湖曲桥能直达湖中小岛，岛中有一亭，名曰"碧波松亭"，周边种植着大片的松树和香花。在岛上的木制平台上端坐，垂钓之余，更能听涛、看鱼、闻香。

农庄内大塘面积近40亩，以十斤左右的青鱼为主要的垂钓品种，配以鲫鱼、鲤鱼、鳜鱼、甲鱼等；小塘面积10亩，以鲫鱼、胡子鲇为主要垂钓品种。塘堤上装有景观照明灯，开辟了垂钓夜市，丰富了夜晚的休闲活动。而观光区内6个面积为20平方米的水泥池养殖了金鱼等观赏鱼供小孩子垂钓。在这里的湖光山色中静心垂钓，从清晨到夜幕来临，从老人到小孩，总能找到大有所娱，小有所乐的玩意儿，来驱走炎炎夏日的燠热。

TIPS

- **地址**：宁波市余姚市兰江街道笙竹村陆家桥35号

- **交通**：余姚—小曹娥—镇海村—人和村—浙东垂钓休闲中心

- **热门推荐**：垂钓中心紧临四面荷风亭，临湖是一处大的卵石滩，滩旁设一部风力水车，配置有多个烧烤台可供烧烤。烧烤之余，一家几口或朋友伙伴来到植物迷宫一起玩耍也颇有情趣。

- **美食**：餐厅以农家菜为主，可以尝到土鸡、牛蹄、河蟹、河虾及山上种植的蔬菜。但最出名的还是鱼，顾客可将垂钓而得的战利品交给大厨，大厨根据个人喜好和要求烹调出美味的菜肴。

- **温馨提醒**：农庄可为游兴未尽，不能夜归的客人提供住房。

无乡趣，不乡村：宁波乡村旅游攻略

东超渔庄

在小曹娥北滨海海涂，有一片5000亩的海涂水库，叫东超水库。这个水库紧靠着美丽的杭州湾，便是东超渔庄的所在地了。东超渔庄是全国休闲渔业示范基地、浙江省三星级休闲农家乐。这里淡水掺入咸泥，咸淡交汇，水质清澈，湖鲜与海鲜全部采取大水面野外自然生长。水库中荟萃了20多种鱼品，特别以鳜鱼、鲻鱼及野生状态下甲鱼和鳗鱼、大闸蟹为名贵。在野生状态下，采用优胜劣汰的自然法则，鱼在水下不断追逐、逃窜，生长时限又长，肉质自然更为紧实，鲜美又无泥腥味，素为老饕们所喜。

由于野生圈养，这里也吸引了不少专业垂钓者来体验野钓乐趣。钓塘分内塘和水库，内塘是渔家乐，多为休闲人士在此垂钓，而外塘的5000亩水库则适合专业人士。水库里1斤以上鲫鱼、2斤~8斤的鲻鱼、10多斤的青鱼随处可见，闲暇之余来场垂钓也是美事。

> **TIPS**
>
> ● 地址：宁波市余姚市泗门镇万圣村北海涂水库
>
> ● 交通：杭甬高速公路—梁周线—余姚大道—东超渔庄
>
> ● 热门推荐：在这里可以观湖景、品湖鲜、垂钓、捉小龙虾，这里还是宁波市皮划艇队水上训练基地，可以看到职业的皮划艇比赛。当然，这里离著名的杭州湾大桥和杭州湾湿地已经不远，大可顺道去游玩一番。
>
> ● 美食：除了新鲜的河鲜和海鲜，这里也盛产植物蔬果、家禽家畜。这样的农家乐，简直是味蕾与肠胃的天堂。白灼血蛤、香辣蟹煲、红烧鱼头豆腐⋯⋯足以让你鲜掉眉毛。
>
> ● 温馨提醒：渔庄还提供婚庆服务，中式、现代、古典、生态，各式婚礼都能做。新设停车场、3000平方米的温室大棚、北排江至东超基地的千米绿色长廊和水上婚礼平台等设施，设立小型航拍等特色项目，婚纱摄影基地和婚宴中心规模颇大。

大桥生态农庄

农家多野趣,水色唯大桥。大桥生态农庄拥有四百余亩的水面区域,将塘与塘相连,池与池合并。渔家小村度假区的水乡风情、渔人湾垂钓区的广阔湖面、长江角生态休闲渔庄的鲜美溪鱼、水上游乐区的欢乐童趣,构成了大桥生态农庄最独特的一道风景线。

湖水连天,春花秋叶在这一幅大美水景之外,生态大观园里更藏着无限的美好与风情,在这里不但能感受到纯朴的田园风光与农业生态美景,还有六个不同主题的生态种植大棚与五个不同主题的农货作坊供游人参观体验。之后径直走向农家特色餐饮区独具特色的生态点菜房,看着活蹦乱跳的海鲜,水灵灵的蔬菜,将刚刚农家体验时对于新鲜食材的美味幻想全部兑现,赞一句"水色游大桥,美味思农庄"。

TIPS

- **地址**:宁波市慈溪市杭州湾大桥管理局西侧1公里处

- **交通**:宁波北—沈海高速—庵东出口—大桥生态农庄

- **热门推荐**:走过著名的杭州湾大桥,尚有"凹造型胜地"杭州湾湿地近在眼前,当然不能错过。茂盛的芦苇荡、翩飞的海鸟群、别致的湖中亭,乘乌篷船荡漾在宽阔的水面,不妨做一场江南水乡的烟雨旧梦。

- **美食**:"龙凤投胎""绿萌海蓬"等让人浮想联翩的美食不但得到了众多食客的好评,同时也在省内各种比赛中屡获好评,亦是大桥生态农庄最独特的游览记忆。

- **温馨提醒**:农庄种有100多亩的油菜花田,每年春天都会举办油菜花节。最适合亲子游,观油菜花海、赏农庄美景、吃农家菜,踏青赏花,纸鸢齐放,最受小朋友喜欢。

无乡趣，不乡村：宁波乡村旅游攻略

兰屿农庄

兰屿农庄就处在千年古村方家河头村，兰屿，是河头古村别名，响亮而又美妙。农庄东面与达蓬山景区相连，对面的三条古道直通九龙湖和慈城两地，享受着得天独厚的地理位置，此地亦不乏历史传奇的人文故事。2011年方家河头古村吹来了保护开发的强劲东风，兰屿农庄应运开张，一炮打响。

农庄目前占地面积100余亩，集吃喝、玩乐、采摘、观光、休闲于一体。农庄内有14个包厢，接待300位顾客绰绰有余。农庄有两个鱼塘、土鸡土鸭养殖场、葡萄园、杨梅园、橘子园和蔬菜基地等。餐饮是兰屿的主营项目，而婚庆、采摘、品茶、登山、钓鱼及游古村、住民宿的系列趣味休闲项目则是特色。来此可以品尝到最地道的农家菜，住最具民国风情的民宿：白墙黑瓦红灯笼，古朴简约中尽显低调的奢华，在山水秀美中享受一把穿越。

TIPS

- 地址：宁波市慈溪市龙山镇方杨小区

- 交通：骆观线—九龙大道—慈龙中线—慈龙西路—兰屿农庄

- 热门推荐：兰屿就在国家级登山游步道夹岙岭下，饕餮完一桌丰盛的农家菜，就可以去边上走走古道；千年古村方家河头村恬静悠远，古井森寒，颇多意趣，亦值得一游；不远处的达蓬山景区当然也适合欢乐一番。

- 美食：来兰屿，除了柑橘吃到饱，还有火龙果、猕猴桃可以采摘享用；农家菜做得也不错，秘制鱼头和翡翠丸子是招牌。

- 温馨提醒：兰屿以庄内大片的橘林为人所知，初秋时节，柑橘成熟时青红点点，宛如流霞。又逢秋高气爽，此时来兰屿观光采摘最是相宜。庄内的烧烤项目与采摘恰是水火既济的良配。

乡土乡情·快乐农家

香格里生态农业公园

在山水交接之处有游船徜徉，在山林相融之处有岩壁垂挂，有人说在这里有着闲云野鹤般的田园农家生活，却也有人说这里是户外运动者的天堂、年轻人的"战场"。公园主要有农家体验拓展训练营、水文化馆、竹林迷宫、山林药膳堂、杨梅博物馆、中国农家风情街等项目和展览，展现出不一样的山里人家的田园生活。

除去丰富多彩的户外休闲健身运动项目，提着采摘篮在特色种植区中闲荡也是一个不错的选择，这里不但种植着种类繁多的新鲜果蔬，还有风姿各异的古树名木交错相生、遮天蔽日。池塘中的家禽自在慵懒地享受着一日中最温暖的午后时光，水上乐园中的孩童欢声笑语地享受着一天中最自在快乐的欢乐时刻，太多美好的回忆在这里定格。

TIPS

● 地址：宁波市慈溪市横河镇大山村百廿步

● 交通：横河镇—横筋公路—梅园—沙梅公路—香格里生态农业公园

● 热门推荐：香格里生态农业公园内依山势而建的攀岩墙壁、拓展项目、高空索道分布在农家庭院之间；竹林迷宫园、CS运动场、中型跑马场更是与综合服务区相连接，与三、五好友一同游乐其间，感受、体验久违的年轻时光与运动快乐也是不错的选择。

● 美食：慈溪杨梅素负盛名，且以娇贵不耐保存为憾。来到这里，现摘的杨梅让果树与嘴巴之间只有一抬手的距离，当然不容错过。此外，这里的炒梅豆和各类时令蔬果也颇美味，足够新鲜，怎么吃都不会厌。

● 温馨提醒：香格里生态农业公园所在的横河镇大山村是慈溪第二高山村，拥有良好的自然植被资源和丰富的农业旅游产品。这里有绿色的山湖、五彩的风光，果树上结满纯天然的果实，空气又新鲜，适合小住几日。

无乡趣，不乡村：宁波乡村旅游攻略

海珠山休闲农庄

　　海珠山休闲农庄位于慈溪市龙山镇的西门村，村外湖光山色，名胜古迹众多，历史人文更是深厚。农庄前有美丽的凤凰山，后有闻名的伏龙山，是三北平原诸多濒海孤山中最高的一座。农庄占地100亩，绿树掩映、小桥流水、竹亭木舍、瓜果飘香，处处散发着山村的静谧之美。

　　庄内分设休闲娱乐区、住宿商务区、生态休闲区及烧烤露营区等。有两个中小型多功能会议室，可同时容纳约200人。休闲中心还设有KTV包厢、品茗茶廊、棋牌室、垂钓区，更有真人CS项目、野外烧烤区等。无论是观光采摘、垂钓、烧烤、露营，还是举行会议、培训，其都是好去处。

TIPS

● 地址：宁波市慈溪市龙山镇西门外村龙瑞路底

● 交通：环城北路—329国道—龙瑞路—海珠山休闲农庄

● 热门推荐：可以造访虞洽卿故居，感受宁波帮精神；可以登黛峰如眉、翠岭逶迤的达蓬山，也可以拖家带口到达蓬山游乐园泡上一天；若还嫌不够刺激，可以到伏龙山滑翔伞基地玩一把心跳飞跃。

● 美食：除了最有名的龙山黄泥螺，海珠山休闲农庄的蛏子、鳗鱼也是客人们必点的好味鲜货。农庄自种的杨梅和西瓜，其甜度也是让人竖大拇指的。

● 温馨提醒：农庄拥有50张床位、200个餐位，是个成熟的露营基地，常有驴友露营、举办篝火晚会等。此外，这里的烧烤烤炉位120元/个，烧烤食材需自备。

雨易山房

雨易山房地处奉化西坞尚桥村,传承于奉化茶场,取"雨润万物,易通天下"之意。一来到这,仿佛步入了一轴清新的真实画卷:井然有序的茶山,别具一格的竹楼、木屋,淙淙的泉水叮咚作响,成片的格桑花开得正艳……完全让人挪不开脚。

雨易山房享有"奉化第一茶庄"的美誉,与其他茶馆最大的不同便是,它不止远避闹市,躲进600亩连绵的茶山,还拥有自己的农家乐。山房主要生产雨易红茶。"雨易红"是介于祁门红茶和正山小种之间的一种独创性做法,更适合宁波人口味。茶汤有清淡、清香的味道,入口有一点甜、一点醇,养胃、暖身、养颜。据了解,雨易红茶还曾荣获宁波市第二届"明州仙茗"杯名优茶(红茶类)金奖、第十届"中茶杯"全国名优茶评比一等奖。专业做茶的农家乐,想来别无分号。

TIPS

- **地址**:宁波市奉化西坞街道尚桥中心粮库旁

- **交通**:南环高架—机场路高架—机场路南延—东环路—金海东路—雨易山房

- **游玩推荐**:在雨易山房,喝茶不再是静止和单一的事情,这里山清水秀,风和日丽。4月清明节后至十月初秋,山房开放茶山给游客采茶,来客都愿意上茶山走走呼吸下新鲜空气,然后采摘茶叶、在炒茶师傅的指导下亲手炒制茶叶。最后品尝到自己亲手做的新茶时,那满足感,似已胜过杯中的口口醇香。

- **美食**:雨易山房的农家乐说起来应当算是"茶家乐"了,大厨擅长以茶入馔,在中和肉类油脂上,茶香土鸡、茶香羊排都值得一尝;宁波人最爱的海鲜也以茶调制,茶香虾就是客人常点的特色菜之一。末了吃上一席茶家乐,全天的吃喝玩乐都给打包了。

- **温馨提醒**:雨易山房尚无住房提供给客人,需要客人自行安排住宿。好在其地理位置并不偏僻,就在火车站附近,若不想奔波,也可就近自行安排住宿。

爱歌顿农场

奉化山水秀美，水土肥沃。西坞街道山下地村的笔架山下，深受一方山水滋养的爱歌顿农场静处一隅。这个农场占地近300亩，拥有水蜜桃基地、花卉苗木基地、热带水果和珍稀果蔬基地和观赏瓜果示范区、婚庆主题公园等现代化生态农场，在当地也算是一个大型的综合性农场了。

爱歌顿农场原生态、自然美味，在这里既能感受大自然田园风光，又能享受田园慢生活带来的乐趣！一年四季有很多水果可供采摘，葡萄、百香果、无花果、火龙果、桃子……农场里有成人游乐区，夏天可以划船、钓鱼、摘藕；有专门的儿童游乐区，常有学校组织活动，来让孩子长见识；还有烧烤区，适合一家人吃喝玩乐，是名副其实的生态园。农场还有做传统糕点——黄内糕的地方，专门有师傅教，可以学着亲手做几块黄内糕，买一点带回城里，也可作为少见的伴手礼。

TIPS

- 地址：宁波市奉化西坞街道山下地村

- 交通：机场路高架—机场路南延—东环北路—东环路—金海路—金海东路—山下地村—爱歌顿农场

- 热门推荐：田园教育是一种现代化的教育，它不仅让孩子回归自然、回归生活，更是一种对课堂教育的补充。可以带小朋友来参观农场的蔬菜水果，了解蔬菜水果的生长特点、营养价值，让小朋友体验一堂生动的自然课。

- 美食：做的就是宁波本地菜，海鲜不是特别多，家常风格。用餐环境很好，有绿植餐厅和百香果棚。在舒服的环境中吃顿饭，间接给菜加分不少。外面有很多水果园，园里有紫葡萄、百香果、无花果，采下来可以给这一餐加上一份完美的餐后水果。

- 温馨提醒：农场有点偏僻，不好找。如果前往，最好提前联系好。

羊羔仔农场

位于奉化尚田镇桥棚村的羊羔仔农场，占地面积306亩，种植红心火龙果、红心猕猴桃、大兴安岭蓝莓、奉化水蜜桃、脆皮核桃、百香果、黄秋葵、紫土豆、紫薯等水果和农作物，还有樱花、海棠、红白玉兰、红豆杉等花木。若赶对了季节，也是一片花红柳绿，莺啼婉转。

天气逐渐转入深秋，水稻、瓜果、秋菜陆续成熟时，不少城区市民都愿意过把"农民瘾"，纷纷到乡下体验农事活动。这时候，一些景点以及农场、农家乐借机纷纷推出以割水稻、挖番薯、摘柑橘等为主题的"秋收体验游"，在旅游淡季中形成了一波小高潮。羊羔仔农场以周末的"秋收体验游"活动著称，往往会成为人们选择的目的地。这里有挖番薯、制作花茶、挖野菜、割水稻等活动，让人们能直观地体验到农事活动。农场还准备了传统的农具供客人使用，体验起来更是有趣。

TIPS

- **地址**：宁波市奉化尚田镇桥棚村

- **交通**：机场路高架—机场路南延—东环北路—东环路—东环南路—S34—尚临线—桥棚村—羊羔仔农场

- **热门推荐**：秋季成熟的蔬菜瓜果相对较多，农事活动比较丰富。秋天的周末，农场会推出"秋收体验游"，带孩子前往体验甚是有趣。

- **美食**：羊羔仔农场的美食当然首推"烤全羊"了，挑选放养的三四个月大的小羊羔，用木炭火精心烤制，色泽焦黄诱人、肉皮炭香浓郁，光闻着，口水就已经下来了。

- **温馨提醒**：农场距离宁海温泉仅15分钟车程，如果时间充裕，大可以顺道去享受一下含氧十足的森林温泉。

无乡趣，不乡村：宁波乡村旅游攻略

三石农庄

三石村位于风景秀丽的溪口镇西郊，村口樟荫参天，曲径通幽，三石农庄隐约可见。3万多平方米的五曲碧湖如一颗璀璨剔透的钻石镶嵌在农庄内，波光粼粼。湖边有群山拥秀，林木苍翠，似一幅名家以天地为笔描绘出的山水画。漫步农庄，一路上不乏草亭茅舍、竹筏清流，到处散发着田园的静谧之美，令人陶醉。

除了美景在侧，游玩的项目也颇有意趣。想彻底放松自我，去水上乐园划个竹排，或是来一场攀岩、真人CS、稻草人射击，在青山绿水间释放平日的压力；带着小孩子的，可以趁机上一次童玩课，在点心房里DIY传统糕点，一起做创意手工，农庄是最天然的大课堂。入夜，呼朋伴友围坐在篝火边，吃着烧烤看露天电影，亲手放莲花灯许个心愿。看着满湖幽黄的灯光和天上的星星一齐忽闪忽闪，烦躁的心绪也悄然被宁静所笼，只愿就此长醉不复醒。

TIPS

- 地址：宁波市奉化市溪口镇三石村

- 交通：甬金高速—溪口西（班溪出口）—往新昌、拔矛方向—三石农庄

- 热门推荐：到了农庄当然要体验纯正的民俗风情，到农耕体验区和采摘区挖笋、骑马、看牛耕田表演，感受泥土和青草带着的些许腥气，有的是钢筋城市里已经渐渐消逝的简单淳朴。

- 美食：青团、手工糕饼、羊尾笋、"剡溪书圣宴"（竹排鹅卷、书圣五花肉、河三鲜等）

- 温馨提醒：三石村内有历史悠久的古建祠堂，若对当地地理人文感兴趣，可以一游。此处离武岭门、商量岗也不远，如果开车，大可顺道一游。

乡土乡情·快乐农家

王鹤农庄

  月光下，树林里，竹制小楼婀娜的影子倒映在水面上，孔雀在一旁悠闲地游走，虫鸣声此起彼伏——这不是西双版纳，而是享有"奉化西双版纳"美誉的王鹤山庄，有着一派江南水乡难得的热带风情。

  走进农庄，观光苗圃里满目茂盛的名贵花木最夺人眼球，盆景园内造型各异、流派不同的各色盆景值得停下脚步好好鉴赏一番。远处是壮观的王鹤飞瀑，虽没有大瀑布一泻千里的盛景，却也有飞流直下的畅快。孔雀园内有上百只孔雀争奇斗艳，有的懒散地打坐，有的得意洋洋地炫耀着绚丽多姿的羽毛，姿势百态，眼花缭乱得让人看不过来。再加上一路竹制的亭、台、楼、阁、桥，恍然间真有身处西双版纳的错觉。天鹅湖里有美妙的天鹅戏水，一旁还有火鸡争雄，农庄仿佛顿时变身成了天然的植物园和动物园，到处有不同的风景惊喜显现。

TIPS

● 地址：宁波市奉化区岳林街道新鲍村后石坎东边

● 交通：宁波一同三高速奉化出口处下一右转开400米一第一个岔口左转开1000米右转一王鹤山庄

● 热门推荐：到果园采新鲜果子，在水塘里静静垂钓，或是打上一场酣畅淋漓的沙滩排球，划一次"小小竹排水中游"，王鹤农庄的玩法宜动宜静。省舞龙基地也设在农庄内，有机会还能学一些有趣的舞龙动作，或者学编农庄自己发明的小草龙。

● 美食：农庄有自养家鸡、天鹅(蛋)，还有自制的糯米烧、草莓烧，这里的农家菜都是拿古早的大柴灶烧的，食材新鲜，原汁原味，带着自然怀旧的童年好味道。

● 温馨提醒：在这里，全天候的野外烧烤也不错，若是夏天怕热，农庄还配有雾化降温设备，哪怕烟雾腾腾也可以自在地大快朵颐。

无乡趣，不乡村：宁波乡村旅游攻略

前童紫竹园

人说前童处处可入画，引得无数游人不远千里前来一探究竟。我说前童的农家才是一绝，要不怎能随着古镇风光一道扬了名，给前童镇长了脸。入了夏的青草绿得格外亮堂，沿着卵石铺就的小径，步入临河而建的紫竹园农庄，映入眼帘的是绿瓦灰房，竹院深深，石道蜿蜒，流水淙淙，雕花精致，木楼高悬，恰恰是应了前童古镇所保留的江南明清时期的民居原版，无处不彰显诗情画意。

成片别致的院落隐身在庭院深处。循着檀木香推开一扇古色古香的雕花大门，雅致的桌椅、幽谧的灯光、清雅的环境，恍若置身"小桥流水遍庭户，卵巷古院藏艺文"。闻闻菜香，品品豆腐盛宴，望望竹窗外碧波荡漾，吃出的是浓浓古韵，感受的恰是农庄浅浅的华丽；或者你喜欢在河畔的茵茵绿地上自己动手烧烤美食；怕晒的不如就在室内喝茶谈天；手痒了的牌友们直接"杀"去棋牌室，在谈笑风生中休闲放松也不错。

TIPS

● 地址：宁波市宁海县前童镇柘湖杨村

● 交通：同三高速—宁海南出口右转—甬临线34省道左转—岔路镇—前童古镇—紫竹园

● 热门推荐：酒足饭饱之后，大可三五成群相约去垂钓区，大小不一且相互接壤的虽是人工湖，却别具灵性。据说湖水引自附近的天然溪水，水质也非常好，觅了树荫坐下，独享垂钓之乐是极好的。

● 美食：紫竹园农庄闻名的前童三宝，不可错过，老豆腐：白、嫩、滑、鲜、香；空心豆腐：泽金黄、中空外，结脆而不碎；香干则是口感细腻香滑、清口香润、结实耐嚼。

● 温馨提醒：吃完农家菜，原汁原味的江南古镇当然是要逛的，著名的梁皇山离这里也不远，值得一去。夜间可在古镇住宿，感受一下古镇静谧的夜色。

峡山海鲜舫

"宁海海鲜鲜天下",这话所言极是。这片宁静之海有着丰富的海鲜,于是这儿的菜肴自成一格,特色珍品更是层出不穷,忍不住叫人垂涎。时常就听朋友们提起一家赫赫有名的渔家乐,它不是固定建筑在陆地上,而是用铁锚铁链固定,浮摇在海面上。当海风袭来时,整个海鲜舫就在海上轻轻漂浮,客人在尝海鲜的同时,可远眺窗外欣赏海景,还可以亲身体悟涨潮落潮,十分惬意。

海鲜舫的海鲜自是新鲜美味,摆盘也精美到无可挑剔。踏着"甲板"入门便是明档式的点餐,最新鲜的鱼虾蟹螺就一字排开在船形菜板上,活蹦乱跳地展现在眼前,最符海边人一贯的大气、实在、不拘谨的性格。本地小海鲜结合当地渔家烧法,现捞现烧,让客人大饱口福。

> **TIPS**
>
> ● 地址:宁波市宁海县强蛟镇峡山一号码头
>
> ● 交通:甬台温高速—宁海高速出口下—象山方向—桥头胡(不过收费站)—左转往强蛟方向—峡山村—一号码头—峡山海鲜舫
>
> ● 热门推荐:这家渔家乐还自费在店内腾出"黄金位置"办起了渔文化博物馆,陈列着千百年的船只残骸、航行工具、硕大的珊瑚和鲨鱼标本,将宁海特有的文化意境彰显到了极致,保证让你大开眼界。
>
> ● 美食:点了菜,便是品尝这纯正海鲜的时候了。清蒸鲞曾获奖无数,皮苔蛤蜊汤鲜美无比,还有青蟹汤、海鲈鱼、盐焗虾等美味招牌菜,更是俘获无数人的心,口味十分地道,深受食客欢喜。
>
> ● 温馨提醒:这家渔家乐还有捕捞、垂钓、游泳和快艇出海的项目,可以游览横山岛,吹吹海风,看看海鸥,也是清新飘逸的"洗心涤尘"之享。

无乡趣，不乡村：宁波乡村旅游攻略

邬家庄园

邬家庄园的入口处，赫然醒目地伫立着一个高大的牌坊，"旌表义门"。它像一段故事的开头，沉着地道出一段往事：明正统八年（1443年），江南遭遇饥荒，集义村望族邬成童一次捐粟二千石，以后邬氏祖孙又多次捐粟捐物，因此而受到皇帝的表彰。而后祠堂遭遇火灾而毁，唯独剩下这块"旌表义门"的石匾，至今仍保存着这段记忆。

邬家在宁海可谓大族，"十里江瑶邬"说的便是这里附近一带的村庄，绵延十里多。村中老人对邬家善举依旧如数家珍，这里曾经开办过书院、孕育过爱国志士邬纲，抗战时还是中共宁海地下党宁北区的活动基地，当年陈逸飞的电影《理发师》还选了这里为外景拍摄地。

邬家大院是邬家庄园里一处建筑风格最鲜明的府邸，高高的马头墙、宽大的回廊、藻井上悬挂八角宫灯，下铺清一色的大方砖，是仿明清时期的典型徽派建筑。1200平方米的大型宴会厅，适合会议、婚宴，内部配备齐全，可谓农家乐中的"五星级"。

TIPS

- 地址：宁波市宁海县西店镇大路（洞口庙水库大坝下）
- 交通：甬台温高速—宁海西店高速出口下—向右S34行驶4千米左右—邬家庄园
- 热门推荐：邬家庄园的水上乐园颇受欢迎，有标准的游泳池、海浪地、三彩滑梯、皮筏滑梯、炮筒滑梯、雪橇滑梯、儿童戏水池、水疗池等游乐设施。一个猛子扎进水里，清凉透心，属于夏天的美好旋即包围而来。
- 美食：邬家大院的菜色以宁海本地菜为主，最值得推荐的便是红烧河豚。古人有云："河豚当是时，贵不数鱼虾。"其鲜美足以令人"拼死吃河豚"。邬家大院特地请了专制河豚的厨师，连肝都红烧，技术十分了得，上菜之前大厨都会亲自尝一口，食客便可以安心食用。
- 温馨提醒：庄园内的别墅区有客房，标间388元/间，套房588元/间，条件较好。

东山桃园

三月的阳光洒落在山谷,桃花吐蕊,从山的这头无边无际地蔓延到远处。胡陈乡中堡村的东山桃园,每年三四月份便迎来了一年之中最秀美的时刻。春风一吹,绯红一片,犹如粉红色的地毯铺张在大地上。东山桃园内蜜桃基地的种植面积达到1200亩,拥有早、中、晚三大系列20余个品种的水蜜桃千余亩,是宁海县首个"千亩桃园",也是最大的优质蜜桃栽种地。

从桃花开到蜜桃成熟的这段时间内,东山桃园每年都会举行各种活动,让人们参与到农家生活中来,数以万计游客的到来为桃园增添了春日的活力。每年保留的有桃花摄影、桃花笔会、桃花相亲、桃树认养等经典活动,以桃为媒,文化搭台,在观赏同时有了更富意义的深层内容。除此之外,每年都会加入新的活动,如桃花肚兜秀、桃花游、桃花歌曲、桃花赋网络征集等大量吸引"眼球"的活动,还有驴友露营晚会、自行车挑战赛等户外活动,让游人切身体验胡陈原生态的农耕文化和深厚的生态文化。

TIPS

- **地址**:宁波市宁海县胡陈乡东山自然村

- **交通**:同三高速—宁海出口下—桃源北路—桃源中路—桃源环岛左转—沿海南线—茶院方向—胡陈方向—东山桃园

- **热门推荐**:"住农家屋、吃农家饭、干农家活、享农家乐"——这是东山村桃花深处最让人动心的生活。可体验这些日常的乡村景物和世务,感受名副其实的"世外桃源"可是时下最IN的玩法哦。

- **美食**:除了色泽饱满、皮薄肉厚、汁甜如蜜的宁海水蜜桃,这里的杨梅、土豆、毛笋也是有名的特色美食。

- **温馨提醒**:东山桃园有集中性的套房可住宿,一般120元/间~130元/间,部分村民家中也提供民宿,80元/间,均有独立卫生间。

无乡趣，不乡村：宁波乡村旅游攻略

浙东大竹海

大雷村有1000多农户，家家户户有竹林，这个有近千年历史、被竹山包围的村庄，素有"竹乡"盛名，所出的竹笋远近闻名。竹林与古村唇齿相依，伴随着世世代代的古朴生活。春夏季节，山上的浙东大竹海景区游人如织，为暮年的古村带来新鲜的人事。而旅游淡季里，大雷村的日常，又只剩下竹林、老人、黄狗和斜阳。

步入浙东大竹海，满目竹山挺拔苍翠，恍若置身于绿色梦幻之境。竹林里竹香沁鼻，宵寒袭肘，山岚清气冷得让人瞬间清醒。顺着青石板和鹅卵石铺就的山道逐级而上，就能看到"竹海农庄"，闲闲坐落在竹林边。浙东大竹海拥有丰富的竹笋资源，芳菲三月，草长莺飞，每年的三月到五月为毛笋季，大量春笋破土而出，在景区内可体验亲手挖笋的"野"趣，以及享用全笋宴的"食"趣。采摘季节有全天然、无污染的生态水果可采，比如5月至6月的蓝莓采摘，9月至10月的猕猴桃采摘。

TIPS

- 地址：宁波市鄞州区大雷村

- 交通：古林—横街—大雷村—浙东大竹海

- 热门推荐：这里最受欢迎的项目要数竹海挖笋，新鲜挖出的"黄泥拱"，挖到了，可是值得发朋友圈炫耀一番的。也可以在蔬菜基地采摘蔬果，到溪边摸鱼，能带给你自给自足的快乐。此外，这里还有漂流、滑道、溜索项目可玩。

- 美食：素有"竹乡"盛名的大雷村，肥甘清甜的毛竹笋大概就是自然赠予他们的最美礼物，只有此处的毛笋才有资格称为"黄泥拱"。在农庄可以吃到新鲜的"黄泥拱"，单放酱油红烧好吃，炒鸡蛋好吃，放咸齑汤好吃，打点淀粉"做浆"也好吃。

- 温馨提醒：农庄有时还会组织竹林自助烧烤，20多种食材，全程由专业师傅进行烧烤。穿插各种趣味活动，可大跳竹竿舞，还有啤酒饮料畅饮无限制。

乡土乡情·快乐农家

欢乐佳田农场

位于宁海长街山头的欢乐佳田农场,是一个把童年还给孩子的地方。这里属于宁波一小时交通圈,目前占地面积近1000亩,其中水域面积约160亩。依山傍水的欢乐佳田,四季分明,每个季节都有属于它们的各具特色的田园风光。春天,满园的油菜花开,无边无际的金灿灿,吐露着和暖的芬芳气味。而棚子里的草莓开始露出红得耀眼的果子,即摘即吃恐怕是最美妙的时候了。夏日到来,油菜花田转眼成了向日葵的海洋,一朵朵昂首向天的小太阳,在白色风车下,充满了异域情调。每年九十月份的时候,向日葵田地里到处是穿着白色婚纱的新人,他们也成了欢乐佳田里一抹亮丽的风景。

欢乐佳田将传统农耕文化、现代农业科技、科普教育、田园观光、采摘体验、休闲娱乐、农家餐饮融为一体,是一座真正的农业主题乐园。你可以在这里采摘、垂钓、品茶,还能体会到农家生活的乐趣。闲暇时可同孩子一起重温田间地头的快乐,让陪伴成为他最好的人生起点。

TIPS

- 地址:宁波市宁海县长街镇山头村

- 交通:宁波方向—甬台温高速—宁海出口—兴海路—宁海城区—宁松线—长街方向—长街工业园区—欢乐佳田农场

- 热门推荐:欢乐佳田农场东临石浦渔村、伍山石窟,西揽前童古镇、浙东大峡谷,北靠宁海温泉、许家山石头村,南朝三门湾,周边好玩的地方简直太多了,建议挑选最感兴趣的行程顺道游玩一下。

- 美食:欢乐佳田一年四季均有新鲜的水果,农家菜有当地特产如长街蛏子、跳鱼等。长街蛏子之肥腴鲜美为全城之冠,跳鱼用土法烧制,也是鲜掉眉毛的美物。

- 温馨提醒:农场在夏季可以为客人提供露营,观星夜眠别有风情,其他季节住宿需自理。

无乡趣，不乡村：宁波乡村旅游攻略

鸿溪森林农庄

鸿溪森林农庄坐落于鄞江芸峰村卖柴岙水库旁，一边是清幽宁静的山村，一边是绿意荡漾的水库，置身于此，身心都会得到惬意的放松。别墅式的建筑风格，让这里恰似一处隐匿的秘密花园。山庄里面包含了住宿、吃饭、娱乐等项目，既可以满足家庭或者好友假日出行，也可为团队提供会议场所。

农庄菜系基本以农家乐为主，另有龙虾养殖基地，一方面可以让游客享受钓龙虾的乐趣，另一方面为山庄提供了正宗的鄞江桥龙虾——毕竟名气很大的鄞江桥龙虾基本都是外地货源。山庄主打清蒸口味，更能体现虾肉原本的品质。

因为紧靠奉化，所以这里还有一条古道，水位下去时就能显露出来，据说是蒋介石最后离开奉化时的一条小路，是不是真的则要看官自行分辨了。

TIPS

- **地址**：宁波市鄞州区鄞江芸峰村卖柴岙水库旁

- **交通**：机场高架—沈海高速—甬金高速—荷梁线—鸿溪森林农庄

- **热门推荐**：山庄旁就是卖柴岙水库，有提供游艇和快艇等不同大小的船只租用，夏天时进去纳凉赏景最是舒服不过，下雨时，山水还会形成大大小小的瀑布，像一条条矫健的白龙。水库最里面还有一片成规模的水杉林，难得一见哦。

- **美食**：农庄以湖鲜山珍为拳头产品，几道本帮菜烧得相当不错，特别是鱼头炖汤，慢火熬制四小时以上，最好提前预订，否则来不及制作。其他如溪坑鱼，手工豆腐等也做得颇不失水准。

- **温馨提醒**：山庄也提供住宿服务，主要以四室一厅和一室一厅的套房为主。

乡土乡情·快乐农家

东方恬园

　　作为农家乐，东方恬园江南园林派的风格宛如闺秀，舒卷得宜，就连餐具也极为考究，用"精品农家乐"来称呼它或许更合适。这是中国第一家国家五叶级、五钻级生态酒店，5000多平方米的生态餐厅内种植上百种植物，花草繁茂，绿树相拥，宛如天然氧吧。餐厅的装饰也十分讲究，新风系统在当年也算是先进，十几个新风口同时开启时，绿意盎然的植物被风一吹，绿叶翻飞，大厅里立刻生机勃勃。假山顽石立于花草之间，小桥立于流水之上，水雾缭绕之间常常会让人们产生身临仙境的错觉。加上生态餐厅对面有风车、白马、南瓜车，绿草如茵的欧洲庄园式婚典草坪浪漫色彩十足，使这里成为受新人们青睐的婚典宴请之地。这里的菜品亦是精工细作，海鲜新鲜，农家菜、生态菜足具特色又养生，自然不愁生意。

TIPS

- 地址：宁波市北仑区大碶街道沿山路58号

- 交通：甬小线—骆霞公路—泰山路—泰山西路—新安江中路—东方恬园

- 热门推荐：东方恬园坐落在北仑现代农业园区内，附近的北仑牡丹园、玫瑰庄园都是好去处，规模甚大，每年在牡丹花和玫瑰花开的时候，园区熙来攘往，用一句"花开时节动全城"形容也不过分。

- 美食："招牌酱蛋红烧肉"是获奖菜品，把宁海土猪肉和卤过的白峰土鸡蛋，炖得酥烂软糯。尤为难得的是将"肥而不腻"这点张扬到极致，口感浓郁醇厚，未入口，已闻香。另外，"白切鱿鱼拼红酒雪梨"也是清馥甜郁的鲜爽小品，白切鱿鱼蘸点生抽，配上红酒果香脆梨，是许多常客的大爱。

- 温馨提醒：东方恬园走的是精品路线，环境气派，设施也齐全，一般农家乐有的登山、徒步、垂钓、采摘、烧烤等项目都有，聚餐和宴请也拿得出手。

无乡趣，不乡村：宁波乡村旅游攻略

碧秀山庄

如果要用一句话形容碧秀山庄的农家乐，那就用喜剧化一点的"高大全"吧。山庄本身配有一家三星级的休闲度假酒店，设施齐全。这里秀林环山，空气清新，山庄用尽所有可以用的心思，创造了一切可能的乐趣。

碧秀山庄依山环翠，绿树成荫，湖廊曲榭相连，拥有各类园景房与商务房，配套设施齐全。另外山庄还具备各类娱乐休闲项目，有茶室、KTV、棋牌室、桂花园、水果采摘、开心小农场以及可供100余人休闲垂钓的30亩淡水垂钓区。同样是婚典草坪，碧秀山庄别出心裁地提供了水路婚典。心思别致讨巧，又有水乡遗韵。儿童乐园里，碰碰车、木马、海盗船、小天使堡、小火车……丰富多样的儿童游乐设施为孩子们建造了快乐小王国。山庄里的农家乐餐厅颇为雅致，碧水回廊，名唤碧园。菜品以当地的农家菜、甬式家常菜为主，广式菜为辅。称不上多惊艳，但绝对能让你吃得平心顺意。

TIPS

● 地址：宁波市北仑区大碶牌门228号

● 交通：甬台温高速公路—宁波大碶疏港公路—泰山路枢纽—泰山路—太河南路—G329—碧秀山庄

● 热门推荐：碧秀山庄为客人准备了有趣的"私家厨房"，极适合朋友聚会。客人可以自己做菜吃。山庄农场里的菜和客人在垂钓区钓来的"劳动成果"，或者客人自己带来的食材，都可以用在其中。大家在"私家厨房"里，一人一个拿手菜，大显身手，气氛往往比"吃现成的"更加热烈。

● 美食：山庄特色红烧千岛湖有机鱼头，肉质细腻鲜美，没有土腥味，取自千岛湖的胖头鱼头，辅以秘制的调味酱，风味甜郁浓厚，后劲十足；另一道上汤螺蛳，则是在豆浆中"娇生惯养"一月左右的千岛湖螺蛳，口味浓鲜微辣，肉质鲜美无腥；还有石锅豆腐、金瓜焖肉、野葱合子的口味也颇为出彩，海苔糯米糕的咸香软糯，也并非市面上可以轻易吃到的。

● 温馨提醒：碧秀山庄有客房住宿，而且条件很不错。山庄的夜景迷人，入夜后园内各处流光飞度。8月，凝香桂一开，整个后花园绮丽如梦。周边还有牡丹园、玫瑰庄园和九峰山风景区可以游玩。

网岙农家乐

网岙农家乐的先天地理条件完全有理由令其他农家乐"羡慕嫉妒恨",九峰山层层叠叠的翠碧如海水、如波浪,似乎马上就要满溢涌入山庄了,很容易便令人产生"结庐在山脚"的离尘脱俗感。

院内的茶廊,有流水清碧自山上蜿蜒而下。风起时,檐边带锈的铁铃铛,吹得叮叮地响。只消待上一会儿,什么样的俗世燥热都会消解无踪了;若天气微凉时,再待,便要冷了。在这里饮饮茶,吹吹风,端的是"绿香熨齿冰盘果,清冷侵肌水殿风"。

网岙农家乐游览餐饮一条龙。瓜果采摘、品茶赏花、农活体验、棋牌等项目,野味与农家菜品尝,九峰山游览休闲,无一不精彩。院内共有14个包厢,加上大厅和会议室,最多可同时接待450人就餐,什么样的大阵仗都接得下。

> **TIPS**
>
> ● 地址:宁波市北仑区九峰山景区入口处(近太河路)
>
> ● 交通:甬台温高速公路—宁波大碶疏港公路—泰山路枢纽—泰山路—太河南路—太河路至春晓公路—狮子岭隧道—网岙农家乐
>
> ● 热门推荐:在庄内可以垂钓、采摘、划船、烧烤,出了庄还可以登山、徒步、吸氧洗肺,造访山花野树,流水云霞。
>
> ● 美食:农庄的状元鸡、农家乱炖、葱烤河鲫鱼、油扁子等招牌菜颇受欢迎。其中,置于煲中瓦上隔火烤三个半小时的状元鸡,肉质硬实中带着滑嫩,酒香醇正,十分可口。而以猪皮、筒骨、老母鸡、鸡爪熬制的高汤为底,炖以猪肚、熏鱼、肉圆、野山菌等食材的农家乱炖,则浓鲜醇郁。
>
> ● 温馨提醒:网岙农家乐就在九峰山脚下,环境超棒,山中气温比市区低,建议另带件长袖以备不时之需。

无乡趣，不乡村：宁波乡村旅游攻略

华岩寺休闲山庄

这是北仑区最老牌的农家乐，已经营业近20年。它带着经验和100亩土地、90亩湖泊、5栋休闲别墅山庄、30间客房、40个包厢、300个餐位，同众多豪华派的后起之秀一较短长。山庄位于北仑城区沿太河路向九峰山方向3千米的山坳中，门前是碧绿的湖水和秀丽的山峦，空气含氧量高，垂钓起来别有风味。当你走进三面透明的水榭雅间，一定会被紫罗兰色的台布装饰和碧水拍着廊榭的"嗲"劲儿惊艳到。据说外面浪大时，坐久了还会有晕船一般的感觉。

农庄的果树品种繁多，四季都有瓜果采摘。门前空地可以进行烧烤，还可以登山健身，并提供住宿、棋牌、会务安排、农产品出售等服务。这里有各类新鲜的河鱼和海鲜，农家土菜也做得颇为地道。

> **TIPS**
>
> ● 地址：宁波市北仑区大碶塔峙金家村华岩寺水库
>
> ● 交通：甬台温高速公路—宁波大碶疏港公路—泰山路枢纽—泰山路—太河南路—G329—金牌公路—华岩寺休闲山庄
>
> ● 热门推荐：山庄的杨梅采摘广受游客欢迎，这里有宁波市保存较为完好的杨梅基地，足足有2750亩。杨梅名气虽不如余姚、慈溪的大，味道却也不错。此外，到水库里划划船，或去华岩寺礼佛也是消暑良方。
>
> ● 美食：这家农庄主要是吃"鲜"和"野"。水库边无公害蔬菜、山庄的野味、湖鲜、林中放养的土鸡、土鸡蛋是游客餐桌上的热门菜。其中野生水库里的河鳗、野生甲鱼、野生石蛙，都是滋补上品；水岸螺蛳、溪坑鱼、土鸡煲、海鲜大杂烩等农家菜肴亦深受游客喜爱。
>
> ● 温馨提醒：若是不熟悉的人去华岩寺休闲山庄，很容易就会走过头，因为它的门面实在是太小太朴素而不起眼了，其实里面说"麻雀虽小，五脏俱全"。

乡土乡情·快乐农家

新湖岙休闲农庄

  北仑新湖岙农庄占地面积达130亩,是一个集生态旅游、游乐观光、瓜果采摘于一体的综合性度假农庄。这里有起伏的群山、蜿蜒的溪流、苍翠的绿树、清新的空气。农庄是大型的现代化生态瓜果种植基地,这里因季节不同出产各色生态瓜果。草莓、杨梅、桑果、柿子、橘子、西瓜、葡萄等瓜果远近闻名,参加农庄举办的采摘活动的人络绎不绝。

  除了瓜果采摘,这里还开展品茗、垂钓、娱乐休闲以及农事体验等活动,是北仑区和宁波市农家乐示范点。在这里,可品尝农家菜、特色烧烤、DIY咸鸭蛋、休闲垂钓、小溪捉鱼、沙滩漫步、欢乐谷联欢、篝火晚会寻找童趣等活动项目,或入果园品尝各种时令瓜果,欢乐多多。

TIPS

- 地址:北仑区大碶街道新路村

- 交通:甬台温高速公路—宁波大碶疏港公路—泰山路枢纽—泰山路—新大路—大海线—新湖岙农庄

- 热门推荐:这里的拓展训练十分有特色,基地根据训练的不同要求,精选出部分拓展项目,训练内容丰富,寓意深刻,以体验、启发作为教育手段,常常能给学生留下深刻的印象。

- 美食:农庄盛产土鸡、笋、葡萄等农家土特产。菜肴中的特色鱼头汤、狗排、角鸡咸菜、土豆洋葱、冬笋烤肉、南瓜排骨羹、农味狮子头等特色菜极受客人青睐。

- 温馨提醒:农庄附近有风光秀丽、空气清新的太白山游步道(北仑植物园)和龙角山、石水牛等著名景点,不少游客喜欢去爬山健身。

无乡趣，不乡村：宁波乡村旅游攻略

丽盛玫瑰庄园

老鹰山的山麓，茂林修竹，鸟语花香。北仑丽盛玫瑰庄园就在这里，三面环山，繁锦如云。丽盛玫瑰庄园是宁波地区规模最大、品种最全的玫瑰栽培基地。庄园里的玫瑰花有360余种，数十万株，如此规模，在省内也是罕见。园内各色玫瑰一年四季竞相绽放，其中4~11月为最佳观赏期，各类品种的玫瑰花花形繁多、色彩缤纷、风姿绝美。花开时节，100余亩的花海轰轰烈烈地铺陈满园，浓艳芳馥。

玫瑰庄园有充满欧洲风情的维纳斯广场、使人震撼的数十亩玫瑰花田、令人陶醉的玫瑰美食，这里还有稀有的树状玫瑰、独一无二的七彩玫瑰长廊、大型的荷兰风车……宛如缤纷的乐园。玫瑰庄园还推出了玫瑰鲜切花类自选、自剪的购买方式，游客可以任意挑选心仪的玫瑰鲜切花、盆栽、扦插苗，把玫瑰带回家。

TIPS

- 地址：宁波北仑沿山公路68号

- 交通：泰山路—北仑方向—孔墅岭—沿山公路—滕头生态酒店后侧—丽盛玫瑰庄园

- 热门推荐：作为"凹造型"胜地，丽盛玫瑰庄园经常有婚纱摄影队伍来此拍摄。来这里玩，当然要换上漂亮衣服拍照了！另外，小朋友可以在玫瑰科普长廊里亲手扦插一盆玫瑰花，带回家体验玫瑰的生长。这里还有儿童乐园，还可以进行水果采摘、烧烤等亲子活动，适合带上小朋友来玩。

- 美食：庄园有咖啡厅、烘焙房，中西餐都有，特色美食是用玫瑰花做成的美食，如玫瑰花茶、玫瑰鲜花饼。花新鲜，做出来的东西味道也不错。

- 温馨提醒：园内360余种玫瑰花四季开放，总量也有数十万株，但最佳观赏期始于4月底，夏天过完花就少了。如果去错了季节，就见不到气势磅礴的玫瑰花海了。

横溪村：农家乐的天堂

横溪村的故事，和九龙湖山水相连，随意一个深呼吸，沁人心脾，带着溪鱼的鲜气、毛笋的清甜、土鸡的嫩口。这里曾经是个交通闭塞的小山村，仅有湖、溪、竹林、山鸡、黄狗长日相伴，谁能想到如今这个倚靠着九龙湖畔的小村庄，成了星级农家乐遍布的美食天堂！

白墙黛瓦的民房，间或几幢别具个性的农家小洋房，越来越多的村民操持起锅碗大灶来招待络绎不绝从宁波、上海等地来的客人。横溪村的农家乐几乎家家生意火爆，一到了饭点高峰时，老板娘端上一杯茶水之后就得不断进出送菜，忙得来不及说话。

农家乐每餐必备的土鸡和溪鱼还得提前预订。端出自家最好的招牌菜，每上一道菜，你都停不了筷子，蔬菜是自种的，比城里的爽口得多，而取自九龙湖的河虾和螺蛳等新鲜河鲜，鲜得让人不计形象地连连吮指。有几户农家乐还自养鸡鸭、种植茶叶，完全走起了"自给自足"的路线。走之前不妨带上一点村民自制的笋干、梅干菜等土特产，甚至可以带一只活鸡回去分享给亲朋好友。

TIPS

- 地址：镇海区九龙湖镇横溪村

- 交通：世纪大道—常洪隧道—G329—东昌路—望海南路—镇骆西路—汶骆路—九龙大道—余汶线—河横公路—横溪村

- 热门推荐：挖笋、捞鱼、掏土豆、掏鸡蛋等，想吃什么自己动手去挑，看着老板煮，别有一番乐趣。

- 美食：横溪村的多家农家乐，大体不离土鸡、湖鲜和自种的蔬菜。但每家烧法不同，味道也不同，红烧夜开花、九龙第一鲜、农家蛋饼、自酿萝卜干、红烧九龙湖虾、九龙湖小杂鱼、盐烤土豆、红烧土鸡……各有各的招牌菜。

- 温馨提醒：九龙湖的葡萄名气也很大，若恰逢时令，饱足之后别忘了就近来一次葡萄采摘，为九龙湖农家乐之旅添彩。

无乡趣，不乡村：宁波乡村旅游攻略

升达农庄

升达农庄位于蛟川街道，镇骆公路旁。农庄虽不算太大，但项目齐全。秋日的丝瓜顶着野趣烂漫的小黄花，结出诱人的瓜实。丝瓜篱下的田地里是淡黄色的无花果，掰开果实，粉红色的心瓤儿甜香绵软，滋味上好。庄内还有葡萄园、草莓园、烧烤区、垂钓园，还有锦鲤和盆景可供观赏等，四季有果实，处处闻花香。

升达农庄以烤全羊闻名。即使是向来对肉食谢绝不敏的人，到了升达农庄，面对他们的特色烤全羊，也无法坐怀不乱。据说连新疆人对这里的烤全羊也竖起大拇指。挑选农庄豢养的三四个月大的小羊羔，用木炭火精心烤制，色泽焦黄诱人、香气扑鼻，因其独特的烤制手法，肉汁完全被封存在内，入口先是焦脆，随后满口溢香，羊肉丝丝缕缕鲜嫩入味，筋软而不烂，肉皮炭香浓郁，人们常说的"羊肉膻腥"一点儿也没有，细品还有淡淡的奶香，值得一尝。客人可以根据口味自由选择蘸料，辣椒、孜然、椒盐，随心所欲，随时DIY你的私房味道。

TIPS

- **地址**：镇海区蛟川街道临俞南路998号
- **交通**：世纪大道—江南路—东环北路—镇骆东路—临俞南路—升达农庄
- **热门推荐**：除了一般农庄都有的蔬果采摘、烧烤和垂钓，升达农庄还有锦鲤和盆景可以观赏。
- **美食**：升达农庄以烤全羊闻名，此外，农庄还有一道拿手菜叫"桃仁地衣"，春天的雷雨天后，地上长出了褐色地衣，摘来淘洗干净后与桃仁同烹，是别处鲜少得见的菜色。
- **温馨提醒**：烤全羊准备时间长，想要大饱口福最好提前打个电话预订。

乡土乡情·快乐农家

九龙人家

寻常人贪恋九龙湖的美,更想把它装进胃里。来九龙湖游玩,怎么可以少了野趣十足的农家乐?步入九龙人家,仿佛被九龙湖捧在了手心。种着红枫和樱花的院子里晾晒着各种鱼干,风一吹,便在钩子上微微晃动着。若是食笋的季节,一见到院子里被曝晒得结实的笋干,估计就会按捺不住想尝鲜的心。竹篦上铺展的锅巴则是击垮你深度饥饿的最后一站,它们自由舒展的样子甚至还完整保留着大灶的痕状。

山庄的招牌菜——九龙秘制鱼头煲,主角是自九龙湖打捞起黑鼓鼓的胖头鱼,一尾约莫有11斤。餐厅还有自家手工制作的石膏豆腐,后园山中还养着土鸡、种着青菜。春天时,女人们从山坡上采来艾草做青团,当地最会烤土豆的阿娘会被请来灶上做一道盐烤小土豆。原生态的食材,最简单的烧法,怎么吃都地道。

TIPS

- 地址:镇海区九龙湖镇九龙湖风景区

- 交通:世纪大道—常洪隧道—G329—东昌路—望海南路—镇骆西路—汶骆路—九龙大道—九龙人家

- 热门推荐:如经允许,可以到九龙人家的菜园去看看,一片绿野,还放养着白鹅,风景醉人,那里还可烧烤。另外,九龙人家还新辟了游泳池项目。

- 美食:九龙人家的招牌是秘制鱼头煲。新鲜的九龙湖野生鱼头,配上猪腱骨、黄豆和秘制酱汁,烹制出来的鱼头煲脑腔柔嫩,鱼皮紧实,煞是馋人。

- 温馨提醒:九龙人家也有客房,并且干净整洁,条件不错。若时间充裕,住上一宿,晨起吹吹湖风、散散步是不错的选择。

无乡趣，不乡村：宁波乡村旅游攻略

湾塘休闲农庄

一群被惊动的家鸭"嘎嘎嘎"叫着下了水，黄狗懒洋洋地卧着晒太阳，垂钓者背着专用渔具，笃悠悠地守着竿，静候鱼儿上钩——湾塘农庄让人慕名而去的不只有草莓，步入农庄即可见16个大大小小连在一起的鱼塘，是在200亩鱼塘的基础上兴建的，想必在这里抛竿入座，视野一定不错。鱼塘间修筑有100多个栈台，高低错落。

农庄鱼塘分种类圈养，西面养的是大鲫鱼，东面养的是青鱼，另有草鱼塘、乌鲤鱼塘等，爱吃什么鱼，只管去哪个塘钓来就是。庄中还特设了一个野生鱼塘，里面的鱼不喂饲料，纯天然生长。这里是宁波地区最大的钓鱼比赛基地，已累计举办了三届"湾塘农庄杯"钓鱼比赛，未来的全国钓鱼大赛大奖得主或许就是你。

TIPS

- 地址：宁波市镇海区澥浦镇湾塘棉海村
- 交通：世纪大道—常洪隧道—G329—东昌路—兆龙路—庄合线—镇浦路—湾塘农庄
- 热门推荐：湾塘村以草莓采摘闻名，来到这里，摘草莓当然是必备项目。此外，这里还有一个专门的儿童游乐场，最适合亲子游。
- 美食：随便哪个农家乐都能吃到土鸡。湾塘农庄做出了"神仙"之名：选用的是本地土鸡，以一年以下的肥嫩仔鸡为宜。肉嫩顺滑，色亮香醇，不油不腻，既入味又软烂，故有"神仙"之名。
- 温馨提醒：垂钓起来的战利品当然是现烤现吃来得美——鱼塘边上另设草棚烧烤区和封闭烧烤区，可以满足不同人群的需要。

乡土乡情·快乐农家

明星湾生态农庄

光明村是宁波著名的"全国文明村镇"，走在这个"庄园式的村庄"中，很想留下来，去住住这里"别墅式住宅"。这个愿望不难实现——不论是度假的，旅游休憩的，专门来休闲垂钓的，或是举行商务会议、团队拓展训练的，来到明星湾就对了。明星湾生态农庄很有真正的"农家乐"风范，农庄内绿意盎然，移步换景于弯弯曲曲的水池、亭阁，恍有"都市田园"的感觉。

垂钓是明星湾生态农庄的主打项目，从满园的垂钓池就能看出来，钓鱼好手们各占领地，拉开阵势，当然，对普通游客来说，自然是比赛第二，吃鱼第一。若赶上时令，去水果采摘园，尝一尝光明村的黄花梨、葡萄等特色水果，也趣味无穷。

> **TIPS**
>
> ● 地址：宁波市镇海区庄市街道光明村
>
> ● 交通：世纪大道—常洪隧道—G329—东昌路—望海南路—北环东路—兆龙路—庄合线—明星湾生态农庄
>
> ● 热门推荐：除了垂钓，农庄还有专门的鹿园，可以观赏梅花鹿。夏天还有水上乐园可以玩耍，最受小朋友喜爱。
>
> ● 美食：明星湾除了能吃到新鲜钓上来的大鱼，农庄自家的梅花鹿养殖基地产的鹿茸酒、鹿血酒更是农庄的一大亮点。
>
> ● 温馨提醒：明星湾有客房可以住宿，其中还有独体木屋，价格也实惠。

233

无乡趣，不乡村：宁波乡村旅游攻略

百卉农庄

百卉农庄的初印象，是一张恬淡的乡村素描。美丽的农庄伴着宁静的小河，岸边的杨柳算是大自然的迎宾了。向大棚里张望，有不少蔬菜瓜果，鹅儿们排队下水，散步的姿势可比游人还悠闲。农庄200亩土地上，果蔬成幅成片，肥短矮墩的黄秋葵，鲜嫩滑口，脆生生的玉米入口清甜，若逢少量西瓜上市，周边知味的居民便急急地抢购。

除了蔬果采摘，百卉农庄还以土猪肉闻名。钢构的养猪大棚养着十几个品种的小猪，哼唧哼唧挤在猪妈妈的肚子下喝奶，一副其乐融融的样子。农庄引进使用"发酵床自然养猪法"，因此走进宽敞的大棚内几乎闻不到异味。这些小猪长到三四个月断奶之后便放养在农庄各处，任其撒欢，许多人专程开着车来百卉农庄吃这远近闻名的土猪肉。

TIPS

● 地址：宁波市镇海区骆驼街道世纪大道东侧

● 交通：世纪大道—东昌路—望海南路—南二西路—金华北路—百卉农庄

热门推荐：百卉农庄的蔬菜和水果在当地颇受认可，蔬果采摘很受欢迎，草莓、葡萄、砂糖橘等水果，边吃边采，让你吃到饱。

美食：农庄特色当然是土猪肉，最经典的吃法就是白切。肥瘦三层，蘸了酱油之后，猪肉自身的腥味被微妙地中和掉，变成恰到好处的鲜甜，让人爱不释口。

温馨提醒：在这里不但一年四季有形式多样的采摘活动，垂钓与田园体验也有其独特味道。

五星绿野山庄

慈城五星村是省内著名的小康示范村,慈城五星村的绿野山庄更是村里的一道风景线。走进去是休憩花园,树木雕成的座椅,造型独特,再看百年古槐,苍劲古朴,粗壮的树干隐藏着文明古老的历史喜忧。有说不出名字的珍贵树种,也有茶花、牡丹、杜鹃等寻常花卉。青山、碧水、凉亭、小溪、绿树、鲜花、幽径相映成趣,面积不大但精巧别致。绿树掩映的一泓碧水,红色的小鱼与中间喷泉的水珠嬉戏,湖水清澈见底,再抬头看天上云卷云舒,顿时心旷神怡。看着潺潺的小溪,听着叮咚的水声,垂钓爱好者也可以在北面的小湖来个清水诱金鱼的休憩,周围的毛槐、百日红、合欢等花香和绿荫恰好为你做伴,果然乡村、田野、童趣,才是大自然的真谛。玩饿了直奔竹林间的红顶小屋,空地处摆放着根雕桌凳,春夏交接亦是百花齐放,可野餐,也可到屋内就餐。

TIPS

- 地址:宁波市江北区慈城镇五星村

- 交通:S61往慈城方向—经慈城古县城—高速匝道后第一个路口右转(有指示牌)—五星绿野山庄

- 热门推荐:拓展中心是玩耍的好去处,高架秋千、独木摆渡、网中浮桥、蜈蚣亲吻、梅花桩等拓展项目应有尽有,乐趣无穷。

- 美食:山庄擅长做河鲜,红烧青鱼、葱烤河鲫鱼都是颇受好评的菜色。另外,臭冬瓜、臭苋白等老宁波才享用得了的"臭菜"也是山庄一绝。

- 温馨提醒:兴趣浓的也可以在这儿住上几日,私享山庄的惬意时光。附近就是古香古色的慈城古县城,转悠几日也不会腻味。

无乡趣，不乡村：宁波乡村旅游攻略

半浦龙虾园

半浦龙虾园在挖掘传统文化和民俗的同时，更提炼出了"老宁波"情结。龙虾园三面环水，紧靠姚江，南临古渡，北倚慈城，占地近500亩，是集鱼虾垂钓、农家餐饮、休闲娱乐及住宿等功能为一体的特色农家乐，先后被评为江北区农家乐经营示范户、市农家乐休闲旅游示范点、省休闲渔业示范基地和省级农家乐特色点。

半浦龙虾园凭借得天独厚的自然资源和便利的交通条件，在原有的龙虾养殖基地的基础上，将休闲娱乐融入其中，把旅游业与水产养殖业较好地结合在一起，逐步形成了龙虾养殖区、土鸡放养区、河鱼养殖区、江景观赏区等多处景点组合的生态观光功能区块。龙虾园内活动项目丰富、独特、健康，并配套有农家菜馆、住宿和会议接待等功能，对游客极具吸引力。

TIPS

- 地址：宁波市江北区慈城镇半浦村

- 交通：市区—北环西路—庄浦公路—慈浦线—半浦龙虾园；宁波北出口—庄浦公路—慈浦线—半浦龙虾园

- 热门推荐：来到龙虾园，当然不能不尝试一下龙虾垂钓项目。拎着水桶、持着钓竿来到岸边端坐半日，收获一桶龙虾烧着吃，那成就感可不是买来能比的。此外，这里还有烧烤和采摘项目，保证你在这里的一天不会乏味。

- 美食：慈城年糕素有盛名，农家菜馆的水磨年糕，炒出来的卖相就很诱人，软糯甘香，堪称招牌。

- 温馨提醒：半浦村是代表性的渡口古村，为宁波市十大历史文化名村之一。这儿青砖灰瓦白墙，古色古香的宅邸与现代化的居民房连成一片，别有一番风味。而著名的慈城古县城也在不远处。

乡土乡情·快乐农家

纪家庄休闲度假村

准备到东钱湖度假的朋友，纪家庄绝对在推荐名单的前几位。只要一辆自行车，就可以一路直达纪家庄。从东钱湖游客服务中心到纪家庄的路，正好是新修的环湖专用自行车道，一路上"十里四香"的田间风情，山花烂漫，原野青青，延伸到终点。骑完这一路，仿佛也就成了农家人。

纪家庄有木屋、走道、花田的布局，没有星级度假村高高在上的姿态，却有农家休闲山庄亲切平和的零距离感，很自然就能融入其中，像是回到了自家的乡间别墅。听住客感慨，早上被鸟鸣声叫醒，这般惬意很久没有过了。

TIPS

- **地址**：宁波市东钱湖度假区环湖东路

- **交通**：东环南路—环湖北路—环湖东路—纪家庄

- **热门推荐**：纪家庄靠近"十里四香"，附近就是环湖自行车租赁点，又有崭新的的环湖专用自行车道，来这里不来一场环湖骑行简直对不起自己。

- **美食**："钱湖四宝"中的红烧螺蛳、青鱼划水是招牌，另外，敲骨肉酱、三鲜汤做得也不错。而这里所处的下水村本来就以艾草麻糍闻名，一定要买点尝尝。

- **温馨提醒**：如果只吃一顿饭，纪家庄还没到值得你专程驱车前往的程度。但周边浩渺的东钱湖、号称"江南兵马俑"的南宋石刻公园、茶香万顷的福泉山，都是为它加持增色的心动点。

无乡趣，不乡村：宁波乡村旅游攻略

绿野谷休闲度假村

千年古村绿野岙村深藏在东钱湖东南山麓之中，而绿野谷休闲度假村就在这里，吸收原乡的芬芳，有独门小户，有青山绿水，有篱笆小院，有竹林阳光。绿野谷比起普通农家乐要典雅隽永许多，这里将酒楼取名为"宋史食城"、客楼取名为"宋史客栈"，食城中的特色菜取名为"宰相鸡"和"进士鱼"，无不体现绿野休闲度假村的独特地理及文化背景。餐饮以自种自养的蔬菜、禽畜为主烹，鲜美皆落入口，心也跟着一起陶醉在这美好的湖光山色里。

在绿野谷，除了吃饭、住宿，还可以钓鱼、烧烤、水果采摘等，做一日农夫还是钓鱼老翁，都请随意。工作劳累时，不妨逃离城市，来蝴蝶翩飞的绿野谷做场有关大自然的梦。

TIPS

- **地址**：宁波市东钱湖旅游度假区绿野村

- **交通**：宁波市区—鄞县大道—环湖北路—下水村丁字路口左拐2千米—绿野谷休闲度假村

- **热门推荐**：绿野谷坐享东钱湖得天独厚的自然资源，兼具淳朴悠闲之风，什么消遣都变得特别有趣。池边垂钓、凉亭饮茶、露天烧烤、果园采摘等，耗个几天，简直不亦乐乎。

- **美食**：食城中的特色菜取名为"宰相鸡"和"进士鱼"，听着雅致，吃着也甚是可口。餐厅就设在入口处巨大的厅内，犹如一片热带植物丛，溪水围绕，鱼儿游动，用餐时还可享受到虫吟鸟鸣，格外清新。

- **温馨提醒**：良辰美景，不如借宿一宿细细品味。古朴自然的独栋别墅，白墙黑瓦，木床、木桌、木窗，配上私享的院落，能让你在流水叮咚中入眠，在鸟鸣清脆中苏醒，让绿色映入眼帘，让清新渗入心肺，最纯净的幸福恰是如此。

奇奇田园

　　奇奇田园是一个散落于东钱湖畔的美丽之梦，梦中的乡村、梦中的田园、梦中的泥土、梦中的春夏秋冬……花的芳香泛起青春记忆里的韶华时光，果蔬的香冽引出心怀里长久的温暖思念。菜园、茶舍、泥巴公社、欢乐谷……所有的一切，组成田园之梦的完美拼图。

　　"奇特"是奇奇田园的特色。湖岸菜畦、山顶十里星光舞台、乡色茶庐、垂钓中心、射箭场、单车驿站、小河摸鱼、烧烤等户外有氧活动场地，就是奇奇田园引以为傲的"奇特"所在。单是露营这一项，就吸引了不少年轻朋友们。奇奇田园露营基地就在这场"梦"的西北角，依山势缓坡而建，占地5000平方米，配有100顶帐篷，200个睡袋，100张防潮垫，100盏照明灯等设施，可容纳200名游客露营，有独立的男女卫生间与沐浴房，尤其方便。夜里赶个热闹的篝火晚会，或是把酒言欢，也许感受凉风几许，仰望星空就足够美好了吧。

TIPS

- 地址：宁波市东钱湖下水村

- 交通：宁波东—鄞县大道—环湖北路—十里四香—奇奇田园

- 美食：奇奇田园的美食，当然得是田园自己种植的有机蔬菜瓜果了。此外，东钱湖的野生湖鲜也不能不尝，"钱湖四宝"是一定要吃的。

- 热门推荐：露营、篝火、射箭、垂钓、单车骑行、采摘、烧烤、登山。

- 温馨提醒：不习惯露营的朋友也不必担心住处，田园内有君悦、君和、菩提3种风格的酒店房型，总有符合心意的。

无乡趣，不乡村：宁波乡村旅游攻略

民俗文化村

象山南乡的五狮山，被称为五指山，晨间雾气袅绕，翠壁云海。象山民俗文化村就坐落在这里，享尽的是钟灵毓秀的山川灵气。园子里亭台水榭间盛放着生于象山且滋长于象山的本地文化和艺术品，用这片土壤烧制的陶器、瓦罐，用这里历经岁月的枯根雕琢出的美物。

村内有一硼矿洞在树影森森、蝉鸣重重的山脚下，是当年日本在这里开采硼矿而留下来的遗址。如今已改造成餐厅，独树一帜，洞内常年15度~18度的室温，在夏日里尤为清凉，正应了餐厅的名字——洞天福地。对流的空气从200米深的地下盘旋而来，蔬果时鲜码放在洞内一侧，凉风洗涤下，当天的食材恰好散发出新鲜透亮的色彩和气味。餐厅厨师善做"象山十六碗"，生泡银蚶、五香熏鱼、三鲜鱼胶、椒芹汤鳗……吃的是来自海港透骨新鲜的食材，吹的却是洞穴凉风，这样的奇妙组合引来宾朋无数，每每假日，这里食客满盈，从日上三竿吃到夜露深重，久聚不散。

TIPS

- 地址：宁波市象山县茅洋镇

- 交通：沪杭甬高速—宁波绕城—姜山出口—甬台温高速—宁海象山出口—象山连接线—象山—民俗文化村

- 热门推荐：民俗文化村内项目众多，集合了拓展、观光、文化休闲等项目，是象山县中小学生素质教育基地，其中古家具精品馆、根雕陈列馆、名家书画馆、宝根阁、民间绝艺表演、农耕用具实用长廊非常有特色。

- 美食：餐厅主要以象山海鲜为主，特色菜有新象山汤四鲜、咸包蟹、鳌烤鸡、三黄汤、石浦鱼糍面、海鲜面、麻糍等，最著名的要属"象山十六碗"。

- 温馨提醒：民俗村有客房，房间价格在120元/间~260元/间之间，周边还有石浦古镇、松兰山海滨旅游度假区可以游玩。

白玉湾生态农业观光园

白玉湾生态农业观光园的四季，是斑斓成趣的四季：春天千亩橘海郁郁葱葱，橘花飘香，清新淡雅；蜿蜒曲折的葡萄树上吐出幼嫩的新芽，路边长出柔嫩的小草，五颜六色的野花漫山遍野，处处弥漫着春的气息；初夏闪红烁紫的杨梅在绿叶的衬托下，令人垂涎欲滴；缀紫垂丹的葡萄挂满枝头，甜香馥郁；金秋观千亩红橘林，非常壮观；细品甜橘、沁入心脾；寒冬的田园银装素裹，犹如淡淡的水墨画。园外是波澜壮阔的大海，翻动着迷人的浪花，令人心旷神怡；渔民在海上捕捞作业，收获着快乐。

如此古朴淳厚的田园渔村风光大放异彩，是开展农家度假游、田园风光游、渔村风情游及人文特色游的绝佳地方。吃农家饭、住农家屋、干农家活、赏农家景，令你全身心沉浸于回归大自然的无穷畅快之中；而海上轮滑、海上冲浪、岛上狩猎等娱乐项目可让你体验到海上活动的刺激和渔民的真实生活。

TIPS

- **地址**：宁波市象山晓塘西边塘村
- **交通**：宁波—象山—晓塘—西边塘村—白玉湾生态农业观光园
- **热门推荐**：园区内设有旅游服务中心，为游客提供海钓、采摘、餐饮、住宿服务。园区地处有"东方不老岛、海山仙子国"之称的象山中南部晓塘乡西边塘村，村里果色花香，美丽迷人，值得一游。
- **美食**：游客自己可垂钓、捕捞海鲜，或者自行采摘蔬菜，自己烹饪或交于农家料理一餐，新鲜的都是极美味的。
- **温馨提醒**：园区设有游客种植区，可让有兴趣的游客参与农作，种植果树。游客可以认种多株水果，定期回来护理或雇用农户护理，到果实成熟时前来采摘。

无乡趣，不乡村：宁波乡村旅游攻略

金沙湾狩猎度假村

　　金沙湾狩猎度假村坐落在旦门山岛，占地面积0.95平方千米，是全国唯一一个家集狩猎、休闲、度假于一体的海岛狩猎度假区。金沙湾以岛上良好的生态和奇特的岩崖为依托，种植了各种果树、花草，风光秀丽，鸟语花香；还放养了各种野猪、野鸭、雉鸡、角麂、野鹦鹉等野生动物上万只。金沙湾以狩猎区为主要活动基地，展开一系列有海岛特色的猎奇活动，主要有狩猎围猎、野味烧烤、露营篝火、攀岩登山等。迷人的夜色中，你可以枕着如诗如歌的波涛入睡。岛上风景如画，星罗棋布的礁石、霞飞花映的红岩、拔地而起的石林，还有保存了七千万年火山喷发出的奇特的火山熔岩，处处闪动着大自然神秘的灵光，带你进入一个充满无限意趣和情调的美丽世界。

TIPS

- **地址**：松兰山旅游区

- **交通**：宁波汽车南站乘快客—松兰山度假区内乘快艇—金沙湾狩猎度假村

- **热门推荐**：岛上狩猎是一大充满刺激和乐趣的特色项目，狩猎区内有野猪、野鸭、雉鸡、角麂等各种野生动物。

- **美食**：象山美食以生猛海鲜为主，来到海岛上，当然是要海鲜吃到饱了。

- **温馨提醒**：岛上设有完善的宾馆、饭店、会议室、游轮、游泳池等休闲和商务场所。并专门开辟了垂钓区、观海区、烧烤区、露营区和滨海浴场。

图书在版编目（CIP）数据

无乡趣 不乡村：宁波乡村旅游攻略/宁波市旅游局，《阿拉旅游》杂志社编著.——宁波：宁波出版社，2017.3

ISBN 978-7-5526-2807-4

Ⅰ.①无… Ⅱ.①宁… ②阿… Ⅲ.①乡村旅游–旅游业发展–研究–宁波 Ⅳ.①F592.755.3

中国版本图书馆CIP数据核字(2016)第323621号

无乡趣 不乡村 —— 宁波乡村旅游攻略

宁波市旅游局 《阿拉旅游》杂志社 编著

出版发行：	宁波出版社
地　　址：	宁波市甬江大道1号宁波书城8号楼6楼
邮　　编：	315040
电　　话：	0574-87259609
责任编辑：	晏　洋　徐　飞
责任校对：	虞姬颖　何培瑶
封面设计：	徐　敏
装帧设计：	褚铁峰　陆晓岚
印　　刷：	浙江新华数码印务有限公司
开　　本：	880毫米×1230毫米 1/32
印　　张：	7.75
字　　数：	260千
版　　次：	2017年3月第1版
印　　次：	2017年3月第1次印刷
标准书号：	ISBN 978-7-5526-2807-4
定　　价：	50.00元

如发现印刷质量问题，请与承印厂调换。电话：0571-85063471